英語で学ぶ
# カーネギー「人の動かし方」

木村和美

JN052974

講談社現代新書

2573

## はじめに

この『英語で学ぶ カーネギー「人の動かし方」』は、一冊で、**あなたの人間関係と英語力を豊かにすることをめざす、一石二鳥の本です**。80年以上にわたって世界中の人々に読まれ続け、人間関係を学ぶためのバイブルとも称される世界的ベストセラー『HOW TO WIN FRIENDS AND INFLUENCE PEOPLE』（邦題『人を動かす』創元社／山口博 訳）を英文で読みながら、対人関係のスキルを一緒に身につけましょう！

同書の著者デール・カーネギー（1888-1955）は、1990年、アメリカのフォトジャーナリズム誌『LIFE』（2007年休刊）に "most influential Americans of the twentieth century"（20世紀でもっとも影響力のあるアメリカ人）の一人に選ばれた作家です。

しかし彼は、大学や大学院で人間関係学や心理学の分野の学問を専攻したり、専門的に研究したりした経験はありません。もともとはミズーリ州の貧しい農家の出身で、州立師範大学を卒業後、さまざまな職を経て苦労を重ね、話し方講座の講師を務めながら、人を説得する話術を自ら編み出しました。そして、多岐にわたる分野の本を読みつつ、独学で心理学や哲学を修め、各界の著名人へのインタビューを続けることによって、48歳の時、この『HOW TO WIN FRIENDS AND INFLUENCE PEOPLE』を著したのです。

1936年に初版が発行されて以来、改訂版を経て、世界中で3000万部以上も売れている同書は〝自己啓発本の原点〟と言われ、人が生きていく上で必要な人間関係の原則を、具体例を交えながらわかりやすく説明することで、多くの人々をひきつけてきました。今でも毎年、多くの売り上げを維持し続け、それより売り上げが多いのは、聖書と『スポック博士の育児書』だけだそうです。

　同書はいまや、ビジネスマンの必読書として欠かせないものとなっていて、アメリカのビジネスニュースサイト「ビジネスインサイダー」が、成功した世界のCEOを対象に〝**ビジネスマンが必ず読むべき本**〟を調査したところ、『HOW TO WIN FRIENDS AND INFLUENCE PEOPLE』がベスト15にランクイン（2016年）。転職サイトを運営する「ビズリーチ」が30代以上のビジネスパーソン1459人に対し、〝**20代のうちに読むべき本**〟について尋ねたアンケートでも、その翻訳書『人を動かす』がベスト3に入っています（2015年）。

　また、〝投資の神様〟として名高いウォーレン・バフェット（1930-）や、フォードとクライスラー両社の社長を歴任しアメリカ自動車業界の象徴とされたリー・アイアコッカ（1924-2019）も、カーネギーの考えに影響を受けたと伝えられています。

対人関係の教科書として頼ってきたのは、ビジネス界ばかりではありません。たとえば旧ソ連の書記長ミハイル・ゴルバチョフ（1931-）は、当時のアメリカの大統領ロナルド・レーガン（1911-2004）にすすめられて同書を読んだとされています。また、サッカー日本代表の主将としてワールドカップに３回出場した長谷部誠選手や歌手の矢沢永吉さんの愛読書でもあります。

　ではなぜ、この本が世界的なロングセラーとして、初版の刊行以来、長い時を経ても変わらずに世界中の人を魅了し、支え、それぞれの問題を解決する助けであり続けてきたのでしょうか。

　作家スティーブン・ワッツ（1952-）が2013年に出版した評伝の翻訳『デール・カーネギー』（河出書房新社／菅靖彦 訳）に、そのヒントが書かれています。貧しかった少年時代から、豊かになることに憧れ、

「成功するということはどういうことなのか」
「どうすればそれを達成できるのか」

　という課題を常に追求してきたことの彼なりの答えが、この『HOW TO WIN FRIENDS AND INFLUENCE PEOPLE』には凝縮されているからでしょう。ワッツによる評伝の原題が『Self-help Messiah』（自己啓発の救世主）となっていることからもわかるように、カ

ーネギーの『HOW TO WIN FRIENDS AND INFLUENCE PEOPLE』には希望が満ち溢れており、それはまるで、人間関係に悩む人々に救いの手を差し伸べてくれるかのようだからです。

**自分は「価値がある人間だ」と自信を持ちたい。**
**周りの人と円滑な人間関係を築きたい。**
**成功して豊かな生活を楽しみたい。**

このような願いを持つ人たちにとって、彼のメッセージは強く訴えるものがあります。それは、カーネギー自身が小さい時から貧困の中で苦労し続け、劣等感に悩んだり仕事で思ったような成果を出せなかったりという苦労続きの人生を経て、少しずつ成功への道を切り開いてきたからです。

私はふだん、大学で英語を教えているのですが、長期休暇を利用してアメリカを訪れるたび、書店に立ち寄っては、どんな本が売れているのか見ることを楽しみにしています。今も昔も、書店では必ずといっていいほど『HOW TO WIN FRIENDS AND INFLUENCE PEOPLE』のペーパーバック版とハードカバー版の両方が、書棚の目立つところに置いてあります。80年以上も前に書かれているのに未だ色褪せず、この現代社会でも輝きを放っている理由は、彼が自分の苦労を通して人間の本質を見抜いており、かつ、誰にでも良

いところがあるという、他人へのあたたかい眼差しがあるからでしょう。

　ちなみに『How To Win Friends And Influence People』の"Win"はこの場合、「勝つ」というより、「勝ちとる」「得る」という意味で、"Friend"には「友人」というほかに、「支持者」「味方」という意味もあるので、この題の意味するところは〝いかにして、人を味方につけ、影響を及ぼすか〟ということになります。つまり、敵を作らずに人を動かしたり説得したりする方法ともいえ、常に相手との友好関係を保つことがその根底にあります。同書でカーネギーが強調したいのは、単に相手を説得したり影響を与えたりするためのノウハウだけでなく、相手を受け入れることで友人を増やし、自分も豊かに幸せに生きるためのアドバイスなのです。

　また、前述のカーネギーの評伝によると、最初、カーネギー自身が提案したタイトルは、『How To Win Friends And Influence People』ではなく、『How To Make Friends And Influence People』でした。しかし、デザイナーがそのタイトルだとブックカバーに配置するには長すぎるということで、"Make"より1文字少ない"Win"にしたそうです。
　このことからも、カーネギーがこの本で強調したかったのは〝相手を説得する〟ということより、〝相手

と友だちになる〟ということだとわかります。だから
こそ、この本の中に常に流れる、「相手を敵に回さず、
友好的な仲を保っていく非攻撃的な姿勢が、結局は物
事をうまく運んでいく」という教えが、多くの人に受
け入れられているのでしょう。

　目次をご覧になればわかる通り、カーネギーが提唱
しているのは「批判はやめよう」「相手の良いところ
を認めてほめる」「いつも笑顔で」など、一見、ごく
当たり前のアドバイスですが、前述したように「**相手
を受け入れることで自分も豊かになる**」という、実は
奥の深いメッセージなのです。さらに良いことに実行
するのが簡単で、しかも効果が絶大の、実践的な提言
ばかりです。
　そして、カーネギーの提案する原則は、**誰にでも、
どんな環境でも使えるもの**です。彼が例としてあげて
いる実話には、大統領から幼稚園児までさまざまな人物
が登場し、ビジネスマン、セールスマン、工場労働者、
社長、政治家、主婦、学生、幼児など、幅広い層の相
手に使うことができる応用範囲の広いものです。
　そんなすばらしいアドバイスに英語で直接触れ、相
手と自分の両方が幸せになるコツを摑もうというのが、
この本の目的です。

　私が大学で英語を教え始めてから20年以上が経過
しましたが、ここ10年ほどは『HOW TO WIN FRIENDS

AND INFLUENCE PEOPLE』を教科書として使っています。東京外国語大学の英語セミナーのクラスで用いたのが最初で、それ以来、他の大学でも主にリーディングのクラスの教科書として使ってきました。私自身がこの本に出会ったのが40代の終わりで、「もっと早くにカーネギ―の本を読んでおけばよかった」と後悔し、彼のアドバイスを知っていたら、「あの時、もっとうまく対処できたのに」とか「人間関係で悩まなくてもすんだのに」と残念に思ったからです。

　もともと英語が専攻ではなかったり、将来、仕事で英語を使う機会がなかったりする学生が履修している英語の授業では、英語に加えて、将来、役に立つ何かを学ぶことができ、「あのクラスをとってよかった」と思ってもらいたいという願いもありました。

　結果的に、学生たちからは英語の読解力をつけるのに役立っただけでなく、大学生活の中で、あるいは卒業後、実際の社会の中で活用できるコミュニケーション術や対人関係スキルを学ぶことができた、とポジティブなコメントをもらってきました。彼ら／彼女らも、カーネギーのアドバイスを自分たちの生活や職場にうまく応用して、役立てているようです。そのように前向きに受け止めてもらえたことをきっかけに、英語力を磨くだけでなく、人と付き合うためのヒントになる本を出版したいと思い、このたび刊行に至った次第です。

私は、カーネギーの主張は翻訳された和文で読むより原文で読んだほうがかえってわかりやすく、直接的にメッセージを受け取ることができると思っています。それが今回、原文を一緒に紹介して、実際にどういう英語で表現されているかを確認できる構成にした理由です。

　もしかして、みなさんの中にはカーネギーの本をすでに翻訳本で読まれた人もいるかもしれません。もちろん、訳本で大体の内容は理解できるのですが、翻訳で読むより**原文で読むほうがカーネギーの言いたいことがそのまま伝わってきて、その真意が摑めます**。翻訳で読むと、時として、少しニュアンスが違って解釈されることもあります。


　たとえば、カーネギーが繰り返すキーワードのひとつに、"appreciate ／ appreciation"があります。日本語では「評価する」／「評価」と訳されることが多いのですが、英語の"to appreciate"は、"to understand how good or useful someone or something is"とロングマン現代英英辞典で定義されているように、「**ある人や物が、いかに良いものであるかを理解する**」という意味です。カーネギーが原書の中で、人間関係においてこの言葉を使っている時は、「評価する」という少しビジネスライクなニュアンスより、相手の良いところを理解して、ほめる、というあたたかい視点があります。

この例からもわかるように、原文で読むほうが彼のアドバイスの本質を受け止めることができるのです。その点、この本は英文と和文の両方を併記していますので、みなさんがカーネギーの提言を直接理解するのにきっと役立つはずです。

　なお、先ほど申し上げたように『How To Win Friends And Influence People』は、1936年に初版刊行後、1981年に改訂版が出版されています。改訂版でも基本的な法則は一緒ですが、時代の変化に伴い、より新しい実例が加えられました。

　ただ、本書『英語で学ぶ カーネギー「人の動かし方」』では、原書の初版をもとにして興味深い主張や参考になるアドバイスを文例として選びました。約80年前に書かれたアドバイスやノウハウが現在でも役に立つということは、カーネギーが鋭く見据えていた人間の本質はいつの世でも変わらない、ということです。

　また原書の初版には「幸せな家庭生活を築くための7つの法則」（Seven Rules for Making Your Home Life Happier）という章があり、その内容が現代には合わないと判断されたのか、改訂版では削除されています。しかし、私には、現代の家庭生活にも役立つアドバイスのように思われるので、今回、この部分からも紹介することにしました。

さらに初版には、「奇跡的な結果をもたらす手紙」
（Letters That Produced Miraculous Results）という11ペ
ージだけの短い章もあり、これも改訂版ではなくなっ
ています。現代の世の中では、手紙がコミュニケーシ
ョンの手段として使われなくなりつつあるのがその理
由かもしれません。しかし、この章でのポイントは
「どうしたら相手にその気にならせるか」ということ
にあり、そのテクニックが興味深かったため、法則の
ひとつとしてとりあげました。

　最後に、本書の構成について説明します。この『英
語で学ぶ　カーネギー「人の動かし方」』では、原書の
初版と同じ構成ではなく、私が設定した、円滑な人間
関係に必要な重要なポイントを以下の6つのテーマ
（章）にまとめています。

　①相手をほめて、重要だと感じてもらうための法則
　②相手を理解するための法則
　③相手をやる気にさせるための法則
　④相手に納得してもらうための法則
　⑤相手に良い印象を与えるための法則
　⑥幸せな家庭を築くための法則

　そのうえで、各テーマごとにカーネギーが主張して
いる法則（rule）を具体的に紹介していきます。そのほ
とんどが、もともとカーネギーがruleとして提示し

ているものですが、一部はruleとして明記していないものの、彼が強調しているアドバイスを私がruleとして紹介したものもあります。カーネギーの主張は一貫して、相手を批判せずに受け入れ、その良いところを認めて円滑な人間関係を築いていくという基本があるので、法則同士が重なり合ったり、その章だけでなく他の章に関連しているものもあります。

　また、この本はテーマ別に 法則 を表示し、それに 解説 をつけ、その法則に関連して原書に書かれている 原文 、そして関連した エピソード という流れになっています。この エピソード にはカーネギーが説明しているものに加え、私が古今東西の実例から選んだものも紹介しています。当人が意識してはいなかったものの、多くの偉人や成功者が同じような方法を実践していたことは、カーネギーの法則の有効性や普遍性を証明しています。またこの法則を裏付けるような研究やデータもあわせて付記しました。

　ここで紹介する原文には、全訳と 語句 の意味も付記しているので、辞書なしでも原文の内容を理解することができます。つけている和訳には、文法的に正しい訳というより、カーネギーの主張やその時の状況をよりわかりやすく伝えるための意訳もあります。なお、引用する原文については文量等の都合上、一部省略・変更したものがあります。

実はこの本の執筆中に面白い偶然を発見しました。旧日本海軍の軍人で、連合艦隊司令長官だった山本五十六（1884 - 1943）の名言に次のようなものがあります。

　やってみせ、言って聞かせて、させてみて、
　誉めてやらねば、人は動かじ。
　話し合い、耳を傾け、承認し、
　任せてやらねば、人は育たず。
　やっている、姿を感謝で見守って、
　信頼せねば、人は実らず。

　世間一般的には最初の一文が有名ですが、これが全文です。これを見ると、カーネギーの法則と重なるものがほとんどです。特に、相手をほめ、耳を傾け、感謝して相手に敬意を払うことは、カーネギーがいつも力説しているものです。

　1884年生まれの山本と1888年生まれのカーネギーはまさに同時代を生きています。近代から現代へと移り変わる激動の時代、日本にもカーネギーと同じような「人の動かし方」を考えていた人がいたということはとても興味深い事実です。この二人の主張に共通点があるということは、カーネギーの発想は日本人にとってはとても理解しやすく、受け入れやすいものであるとも言えるようです。

この本を読み、カーネギーから、他人と上手に付き合い、さらに相手を説得したり動かしたりできる、人生を豊かにする知恵を学び、結果的にみなさんの英語力を強化する機会になることを心より願っています。

　そして、カーネギーが原書の中で、

I am talking about a new way of life.

　と記しているように、この本は、みなさんに「新しい生き方」を示し、新しい行動をしてみるきっかけになりえます。つまり、カーネギーは「人を動かす」にはまず「自分が変わる」必要があると言いたいのです。

　本書を読んで、みなさんがカーネギーのアドバイスを自分の環境の中で実践していただけるとうれしいです。

# 目次

## 第6章 幸せな家庭を築くための法則 —— 209

# 第1章

# 相手をほめて、重要だと
# 感じてもらうための法則

⇒ 人は誰でも、自分が重要な存在、意味のある存在でありたいという願いを抱いているので、それを満たしてあげることが円滑な人間関係のキーポイントです。その最も有効な手段が、誠実に「ほめる」ことです。

# 重要感を持ってもらおう

**Make the other person feel important – and do it sincerely.**
相手に、重要であると感じてもらう、そして心をこめてする。

## 解説

　たとえ一時的でも、相手に「(誰かの) 役に立っている」「重要な役割をはたしている」というささやかな充実感を与えることが、「人を動かす」ことにつながるという法則です。

　この法則を最初に紹介するのには理由があります。なぜなら、カーネギーは著書の中で何度も "feeling of importance" というキーワードを繰り返していて、この "feel important" という概念こそが、カーネギーの法則の根本をなしているといっても過言ではないからです。

　人間は誰しも「重要な存在でありたい」という願いを抱いていて (desire to be important)、それが満たされると "feeling of importance" を持つことができます。"feeling of importance" は日本語にすると「重要感」となり、少し聞き慣れないかもしれませんが、「自分には価値がある」という感覚です。

　これは、一国の首相とか会社の社長などが持つ、有名人や成功者としての存在感の大きさというより、たとえば職場や家庭、クラブやサークルなど、どんなに小さなグループであっても、その中で「意味のある存在だと感じられる」ことです。大勢の人から認められ

ていなくても、ある人に、自分が何か意義のあること
をした（している）と認識されているという、実感の
ようなものです。

　カーネギーは、この重要感を求めても求めてもかな
わなかった場合、人生を楽しむことは到底できず、
「精神的に病んでしまう人もあるくらいだ」と説明し
ています。それぐらい重要感は私たちにとってかけが
えのないものなので、たった一言でも、自分に自信を
持たせてくれた人（＝あなた）には、好印象を持つこ
とになります。だからこそ、相手に「重要であると感
じてもらう」ことが、「人を動かす」ためには不可欠
なのです。

　重要感を持ってもらうための方法にはいろいろあり
ますが、そのひとつが「相手をほめること」です。そ
れも上辺だけのお世辞ではなく、誠実に相手をほめる
ことで、相手は自分を重要だと思うことができます。
それこそが、この法則の中に“sincerely”という言葉
が入っているゆえんです。

　また、カーネギーは、相手の何かに気がついてあげる
こと、相手のしたことを認めてあげること(recognition)、
お礼を言うことも重要感を持ってもらうことにつなが
るとしています。つまり、何もわざわざ大げさなこと
でなくても、ささやかな気づきさえあれば、そしてそ
れを伝えれば、相手に重要だと感じてもらうことがで
きるのです。

　カーネギーは、貧しい農家の出身であることを理由

に、大学の同級生に対して劣等感を抱いていましたが、スピーチコンテストで優勝することでそれを克服した過去があります。自分がその場で重要な存在であると感じられることが、いかに必要なことか、自ら体験・実感していたわけです。

　大事なことなのでもう一度繰り返しますと、カーネギーのすべての法則は、簡潔に言えば、この"feeling of importance"を相手に持ってもらうためのものである、ということを最初にぜひ覚えてください。

### 原文

【1】There is one all-important law of human conduct. If we obey that law, we shall almost never get into trouble. In fact, that law, if obeyed, will bring us countless friends and constant happiness. But the very instant we break that law, we shall get into endless trouble. The law is this: Always make the other person feel important.

　人間の言動について、極めて重要な法則がある。その法則に従えば、決して問題に巻き込まれることはない。実際、この法則に従うと数えきれないほどの友人ができ、いつも幸せになれる。しかし、この法則を破った途端、なかなか解決しがたい問題に巻き込まれてしまう。その法則とは「常に、相手に重要だと感じてもらうようにする」ということだ。

【2】So, let's obey the Golden Rule, and give unto others what we would have others give unto us. You can work magic with the Golden Rule, almost every day.

だから、この「黄金の法則」に従おう。自分がしてもらいたいことを相手にしてみよう。この「黄金の法則」は、ほぼ毎日のように、魔法のような効果を発揮する。

【3】You want the approval of those with whom you come in contact. You want recognition of your true worth. You want a feeling that you are important in your little world. You don't want to listen to cheap, insincere flattery but you do crave sincere appreciation.

出会う人から「認められたい」と思うものだ。「自分の本当の価値を認められたい」と。その小さい世界で、自分は大切だと感じたいものだ。安っぽい、心の込もっていないお世辞は聞きたくもないが、誠実に、自分を認めてくれることは切望しているはずだ。

【4】Little phrases such as "I'm sorry to trouble you," "Would you be so kind as to—," "Won't you please," "Would you mind," "Thank you"—little courtesies like that oil the cogs of the monotonous grind of everyday life—and, incidentally, they are the hall mark of good breeding.

「お手数をおかけしてすみません」「〜をしていただけないでしょうか」「できれば〜していただけますか？」「申し訳ありませんが……」「ありがとうございます」。こういうささやかで丁寧な言葉が、毎日の、単調で骨の折れる仕事の潤滑油になってくれるし、ついでに、相手のさらなる成長を保証することにもなる。

【5】A sure way to his heart is to let him realize in some subtle way that you recognize his importance in his little world, and recognize it sincerely.

　相手の心を確実に摑みたいなら、その人がその小さい世界では重要な人だと、あなたが認めていると、それも誠意をもって認めていると、さりげなくわかってもらうことである。

【6】Remember what Emerson said: "Every man I meet is in some way my superior; and in that I can learn of him."

　エマーソン（*アメリカの哲学者）が言ったことを覚えておこう。「私が出会うすべての人は、何かしら、私よりすぐれている。だからこそ、その人から学ぶことができる」

【7】This old lady ... was starving for a little recognition. ... she craved a little human warmth, a little genuine appreciation—and no one gave it to her. And when she found it, like a spring in the desert, her gratitude couldn't adequately express itself with anything less than the gift of a Packard car.

　その老婦人は、少しでも誰かに認めてもらうことに飢えていた。ささやかな人間的な温もり、小さくても心の込もったほめ言葉を渇望していたけれど、誰からもなかった。そして、まるで砂漠の中で泉に出会った時のような感謝の気持ちは、自分のパッカード（＊当時の高級車）をプレゼントすることでしか、表せなかったのである。

【8】Dorothy Dix once interviewed a celebrated bigamist who had won the hearts and savings-bank accounts of twenty-three women. ... When she asked him his recipe for making women fall in love with him, he said it was no trick at all: all you had to do was to talk to a woman about herself.

　ドロシー・ディックス（＊アメリカのジャーナリスト）は以前、23人もの女性の心を摑んでその銀行口座を聞き出した、有名な結婚詐欺師にインタビューしたことがある。女性の心を射止める秘訣を聞いた時、彼の答えは、「コツなど全くなく、ただ彼女自身について、話をするだけでよい」とのことだった。

| | | |
|---|---|---|
| **conduct**<br>行動 | **obey**<br>従う | **countless**<br>数えきれない |
| **constant**<br>絶え間ない | **instant**<br>瞬間 | **endless**<br>尽きない |
| **unto**<br>to(〜に)の古い表現 | **trouble**<br>煩わせる | **respect**<br>尊敬(する) |
| **approval**<br>承認 | **contact**<br>接触 | **recognize/<br>recognition**<br>認める(こと) |
| **worth**<br>価値 | **cheap**<br>安っぽい | **insincere**<br>不誠実な |
| **flattery**<br>お世辞、<br>おべっか | **crave**<br>切望する | **appreciation**<br>真価を認めること<br>(次項で詳しく説明) |
| **courtesy**<br>礼儀正しいこと | **oil**<br>油を差す | **cog**<br>歯車 |
| **monotonous**<br>単調な | **grind**<br>つまらない仕事 | **incidentally**<br>付随的に |
| **hall mark**<br>品質保証 | **breeding**<br>育てること | **subtle**<br>かすかな、微妙な |
| **realize**<br>実感する、悟る | **sincerely**<br>誠実に | **superior**<br>よりすぐれた |
| **starve**<br>飢えている、<br>渇望している | **genuine**<br>真の | **spring**<br>泉 |
| **desert**<br>砂漠 | **gratitude**<br>感謝 | **adequately**<br>適切に |
| **celebrated**<br>有名な | **bigamist**<br>重婚者 | |
| **savings-bank account**<br>銀行の預金口座 | | **recipe**<br>秘訣 |

**エピソード**

原文【7】は、夫と死別後、一人寂しく暮らしていた老婦人にとって、さりげないほめ言葉が非常にうれしく感じられ、自分が何かしら意味のある存在だと思えた、という話です。親戚からも気にとめてもらうこともなく、孤独感に打ちひしがれていたこの老婦人は、誰かに、自分の大切にしている古い邸宅や家具、装飾品の良さに気がついてもらいたいと切望していました。そんなある日、初めて会った遠縁の人にその良さに気がついてもらったことでとてもうれしくなり、自分の持っている高級車を譲りたいと思うほど感激したという話です。決して大げさなほめ言葉や尊敬の言葉でなくても、ただ相手の何かに気がついてあげることが、その人にとっての、ひとつの生きがいや自信を与えるのです。

この例のように、この法則は孤独で誰にも認められず、自信を失っている人に対し、自分の価値に気がついてもらえたという喜びを与えるのでより有効です。

また原文【8】は、この法則のいわば悪用例で、結婚詐欺師の女心を摑むテクニックは、相手のことについてもっぱら話すことで重要感を持ってもらう、というものでした。

昨今、SNSなどで「いいね！」をたくさん欲しいと

思う気持ちから、「インスタ映え」などという言葉も生まれましたが、この「いいね！」はまさに、カーネギーの言う"feeling of importance"を満たしてくれるものと言えます。アメリカの心理学者、アブラハム・マズローの言う「承認欲求」と、カーネギーの"desire to be important"は、重なるものがあります。

ほんのささやかな言葉「いいね！」だけでも、この欲求を満たすことができるのです。誰かに認められたい、誰かに「いい」と思ってもらいたい、という願いは人間なら誰でもあるもので、この「いいね！」がそれを簡単に満足させてくれるのです。

行き過ぎた承認欲求には賛否がありますし、「いいね！」で重要感を持てる人ばかりではありませんが、いつの世でも、この"feeling of importance"は人間の行動の原点になっていると言えます。

私の場合、あいさつをすることが、相手に重要感を持ってもらうための、簡単で有効な方法だとすすめています。あいさつをされると、「自分の存在に気がついてくれている」「自分に関心を持っている」と思えるからです。逆に、顔見知りなのにあいさつがなかったりすると、寂しい気持ちになったり無視された気分になったりするものです。ここで大事なのは、相手からあいさつしてもらうのを待たずに、自分から率先してあいさつをすることです。

私は、直接知らない人、たとえば、大学の門の守衛さんやお掃除の人にも、必ず「おはようございます」

「ご苦労さまです」「お疲れさまです」と伝えるようにしています。特にお掃除の人には、感謝の気持ちを込めて「ありがとうございます」と言っています。その人のおかげで私は気持ちよく仕事ができるからで、その思いを伝えたいからです。

　以前、ノートルダム清心学園理事長の渡辺和子さんも、著書の中でこれと同じようなことを書いていました。〈あいさつは「あなたは大切な人」と伝える最良の手段。目立たない仕事をしている人へのあいさつを忘れてはいけない。私たちはお互いに「おかげさま」で生きているのだから〉とあり、渡辺さんも、職場で目立たない仕事をしている人へのあいさつは欠かさないそうです。まさに、カーネギーの言う"feeling of importance"とは、「自分は大切な存在」と思ってもらうことなのです。

　カーネギーは他の法則も、"feeling of importance"をいかに持ってもらうか、また反対に、いかに傷つけないかという観点で書いているので、この概念の重要さが、本書を読み進めるうちに実感できることと思います。

# 相手の良いところを認めてほめる

**Give honest, sincere appreciation.**
誠実に、心をこめて、相手の良さを認める。

### 解説

　前述のように、重要感（feeling of importance）を相手に持ってもらうためには、"appreciation"が有効であるとカーネギーはすすめています。名詞だと"appreciation"、動詞だと"appreciate"になります。「はじめに」でも触れた通り、この言葉には、一言でぴったりあてはまる日本語が見当たりません。相手の真価を認め、相手の良さを理解することです。

　語源的には、"ad"（方向）と"pretium"（値段・価値）に由来します。つまり、相手に価値を与えるということは、相手の大切さがわかるということです。

　お世辞とは違うもので、相手の良いところを誠意を持って認めることにより、相手に自信を持ってもらうことができます。さらに相手に"appreciation"をすることであなたも好感を持たれ、その人との人間関係が円滑に進んでいくことになるのです。この言葉は、原書の中でたびたび繰り返されるキーワードで、カーネギーの人間関係論の本質に関わる重要語句です。

　"appreciation"といっても大げさなことではなく、小さなことでも相手をほめたり何かに気がついてあげたりすることで、その人は自分が重要であると思うことができ、それによって相手を動かすこともできると

強調しています。カーネギーが挙げている具体例を見ると、「ほめる」ことが最も典型的な"appreciation"の方法と言えます。「ほめる」"praise"の語源も"pretium"で、同じ語源を持つ"praise"と"appreciation"は共通の概念を含んでいるのです。

### 原文

【1】Dr. John Dewey says the deepest urge in human nature is "the desire to be important." ... The desire for a feeling of importance is one of the chief distinguishing differences between mankind and the animals.

　ジョン・デューイ博士（＊アメリカの哲学者）曰く、人間の最も深い欲求は、「重要でありたいという願い」である。重要感を持ちたいという欲求が、人間と動物を区別する主な違いのひとつである。

【2】If our ancestors hadn't had this flaming urge for a feeling of importance, civilization would have been impossible. Without it, we should have been just about like the animals.

　私たちの先祖が「重要感を得たい」という燃えるような衝動を持たなかったら、文明は決して開化しなかっただろう。それがなければ、私たちは動物と同じだったに違いない。

【3】It was this desire for a feeling of importance that inspired Dickens to write his immortal novels. ... This desire made Rockefeller amass millions that he never spent! And this same desire made the richest man in your town build a house far too large for his requirements.

ディケンズに、不朽の名小説を書こうと奮い立たせたのは、「重要でありたい」という願いである。この願いがロックフェラーに、使いきれないほどの、たくさんのお金を蓄えさせたのである。そしてこの同じ願いが、あなたの街の一番のお金持ちに、必要以上に大きすぎる家を建てさせたのである。

【4】This desire makes you want to wear the latest styles, drive the latest car, and talk about your brilliant children.

この願いがあなたに、流行りの服を着たい、最新モデルの車を運転したい、頭の良い子供たちのことを話したいと思わせるのである。

【5】Let's cease thinking of our accomplishments, our wants. Let's try to figure out the other man's good points. ... Give honest, sincere appreciation. Be hearty in your approbation and lavish in your praise.

自分の業績や願望のことを考えるのはやめにしよう。相手の良いところを見つけ出すようにしよう。率直に、

誠意をもって相手の真価を認めよう。心を込めて相手に賛同し、惜しみなくほめよう。

【6】Charles Schwab said, "I consider my ability to arouse enthusiasm among the men, the greatest asset I possess, and the way to develop the best that is in a man is by appreciation and encouragement."

　チャールズ・シュワブ（＊アンドリュー・カーネギーが立ち上げた鉄鋼グループの幹部）曰く、「部下たちのやる気を起こすことができるのが、私の一番の長所だと思います。ほめて、励ますことで、その人のベストをさらに伸ばすことができるのです」。

【7】There is nothing else that so kills the ambitions of a man as criticisms from his superiors. I never criticize anyone. I believe in giving a man incentive to work. So I am anxious to praise but loath to find fault. If I like anything, I am hearty in my approbation and lavish in my praise.

　上司からの批判ほど、部下の意欲を打ち砕くものはありません。私は誰のことも批判しません。仕事へのやる気を持ってもらうことが私の信条です。だから、私はいつもほめたいと願い、欠点を見つけたいとは思いません。自分の好きなところがあるとすれば、心からほめて、ほめることを出し惜しみしないことです。

| | | |
|---|---|---|
| **sincere**<br>誠実な | **appreciation**<br>相手の真価を認め<br>正しく理解すること | **deepest**<br>deep（深い）の<br>最上級 |
| **urge**<br>衝動（駆り立て<br>られる欲望） | **desire**<br>欲求 | **chief**<br>主な |
| **distinguish**<br>区別する | **mankind**<br>人類 | **ancestor**<br>祖先 |
| **flaming**<br>燃えるような | **civilization**<br>文明（化） | **inspire**<br>鼓舞する |
| **immortal**<br>不滅の／不朽の | **novel**<br>小説 | **amass**<br>蓄積する |
| **requirement**<br>要求 | **latest**<br>最新の | **brilliant**<br>才能豊かな |
| **cease**<br>止める | **accomplishment**<br>達成、業績 | **figure out**<br>わかる |
| **hearty**<br>心のこもった | **approbation**<br>賛成、賞賛 | **lavish in**<br>惜しみなく〜を与える |
| **praise**<br>ほめる（こと） | **arouse**<br>起こす、かきたてる | **enthusiasm**<br>熱意 |
| **asset**<br>強み | **possess**<br>所有する | **encouragement**<br>励まし |
| **ambition**<br>意欲 | **criticism**<br>批判 | **superior**<br>上司 |
| **anxious**<br>切望して | **loath**<br>気のすすまない | **fault**<br>欠点 |

**エピソード**

　私は、大学卒業後10年以上のブランクを経て、UCLA（カリフォルニア大学ロサンゼルス校）の大学院で

英語教育学の修士号を取得しましたが、入学当初、た
くさんの文献を読んだ上でのディスカッション形式の
授業に、とても四苦八苦しました。大学院の授業では
発言しないこと＝何も考えていない無能な学生とみな
されてしまうので、発言しようと必死に試みるものの、
早口でまくしたてるネイティブの学生たちの議論に割
り込むのは並大抵ではありませんでした。大学院の授
業が始まって1ヵ月もたつと自分の中にどんどん劣等
感が積もり、自信は喪失する一方でした。

　そんな頃、あるクラスで、文法の規則がどのように
習得されるかという議論が、ネイティブの学生たちの
間で白熱しました。私など口も挟めず、ただ、それぞ
れの意見を理解することに精一杯だった時に、先生が
突然、私を指名し、"Kazumi, what do you think of
it?"と聞いてきたのです。私はあわてて、しどろもどろ
になり、たぶん間違いもしつつ、自分の英語学習者とし
ての経験を踏まえた意見を何とか述べました。それまで
展開されていたクラスメートたちの流暢な英語を駆使し
たディスカッションのレベルが急に下がってしまったよ
うな気がして、いささか落ち込んだのですが、先生が、
"Excellent, Kazumi! I'm so impressed with your
perspectives. Your views have reminded me of the
learner's mentality. Great!"（すばらしい、カズミ！あな
たの見解には感心しましたよ。あなたの意見で、学習者の気持ち
というものに気がつかされました。とてもいい！）とほめてく
れたのです。まさにその先生の"appreciation"によっ

て、「こんな私でも、このクラスの中で、重要な存在になることができた！」と実感できた瞬間です。英語は流暢でなくても、ネイティブではない私だからこその視点を評価し、それをほめてくれたのです。その先生が私に持たせてくれた"feeling of importance"のおかげで、私はその後、クラスの中でのノンネイティブという自分の存在に自信を持ち、修士号取得まで何とか乗り切ることができました。もし、あの先生の"appreciation"がなかったら、私は挫折し、今の自分はなかったかもしれません。

　この大学院も含めて、アメリカでは"appreciation"をすることがごく日常的に、そして、気軽に行われていました。アメリカに行って最初に驚いたのは、スーパーマーケットのレジの列やエレベーターの中で、見ず知らずの人から「その服の色、いいですね」とか「そのバッグは使いやすそうですね」などとほめられたことです。ささいなことですが、何となくうれしく、そこからちょっとした会話が始まったりもします。

　とくに子供たちに対しては、親も先生もコーチも、そしてまったくの他人も、しょっちゅうほめ言葉をかけていたのが印象的でした。その時に一番使われていたフレーズが、"I'm proud of you."でした。日本語にすると「誇らしく思う」などと、少し大げさで、堅苦しい感じになってしまいますが、実際に使われている時は、「すごいね」「たいしたもんだね」という、ごく軽い感じのほめ言葉です。

それほどすばらしいことをしたわけでなくても、小さなことでも頻繁に"I'm proud of you."と声をかけて、子供たちの自信を養っていくのです。それを言われた時の子供たちの笑顔はとてもまぶしく、まさに重要感を持つうれしさを表わしていました。

　アメリカでよく聞く、そしてカーネギーも時々使っている言葉に"self-esteem"があります。英和辞典では、自尊心と訳されているものもありますが、ロングマン現代英英辞典では"the feeling of being satisfied with your own abilities, and that you deserve to be liked or respected; self-respect"となっているように、自分を尊敬できる気持ちです。アメリカではこの概念がとても重要で、アメリカの教育は、子供がこの"self-esteem"を培えることを目的としているように感じられました。

　教育にはもちろん知識の蓄積も大事ですが、将来、困難な状況をいかに乗り越えるかという場面になった時は、やはりこの"self-esteem"が力を発揮するのではないでしょうか。だからこそ周りの人が、子供たちに"appreciation"を惜しみなく与えていたように思いました。

　大人の私も、アメリカに滞在した約7年間、アメリカ人のほめ上手なことにいつも感心させられ、支えられました。そして小さなことでも、ほめることが会話の潤滑油になることがわかり、アメリカ人を見習って私もよく知らない人に気軽にほめ言葉をかけることで、

友人の輪が広がっていきました。

　日本人から見ると、アメリカでは"appreciation"を与えることがごく自然に行われているように見えましたが、カーネギーがあえて法則にしているところを見ると、"appreciation"はしすぎるくらいでもいいということなのかもしれません。

<hr>

法則３
## まず、相手をほめよう
**Begin with praise and honest appreciation.**
まず相手をほめて、その良さを素直に認めることから始める。

<hr>

### 解説
　相手を批判したり注意したりする場合、まずはほめたあとにすると相手のプライドを傷つけず、さらにその人の心を開かせる効果があるとしています。最初から相手を否定するような発言をすると、相手を失望させ反発を招く恐れがあるので、それを防ぐための手段です。法則２で"appreciation"の効果が強調されていましたが、その法則の応用編といえるかもしれません。最初にほめることにより重要感を持ってもらうことができるので、その後の批判や注意を受け止める余裕ができるのです。

### 原文
【1】It is always easier to listen to unpleasant things

after we have heard some praise of our good points.

　自分の良い点をほめられた後で、いやなことを聞く
ほうが、常に受け入れやすいものだ。


【2】McKinley didn't want to hurt the man's feelings.
He must not kill the man's splendid enthusiasm, and
yet he had to say "no." Note how adroitly he did it.

　マッキンリー（＊第25代米大統領）はその人の感情を
傷つけたくなかった。彼のすばらしい熱意を無駄にし
てはいけないのだが、それでも「だめ」と言わなくて
はならなかった。それをいかにうまく伝えたかに注目
しよう（＊詳細は エピソード に記載）。


【3】Mr. Gaw complimented him on how large a plant
he had, and ... "It is one of the cleanest and neatest
bronze factories I ever saw," said Gaw. ... So far, ...
not a word had been said about the real purpose of
Mr. Gaw's visit. ... Mr. Gaw got everything that he
wanted without even asking for it.

　ゴー氏は彼のプラントがいかに大きいかをほめ、
「あなたのところは今まで見た中で一番清潔で整頓さ
れている青銅工場のひとつです」と言った。その時ま
で、ゴー氏は自分がここに来た本来の目的（＊納期の催
促）については一言も触れていなかった。ゴー氏は自
ら要求することなく、目的を果たすことができたので
ある。

| unpleasant<br>不愉快な | hurt<br>傷つける | splendid<br>すばらしい |
|---|---|---|
| enthusiasm<br>熱意 | adroitly<br>巧みに | compliment<br>ほめる(こと) |
| plant<br>機械、工場 | cleanest<br>clean(清潔な)の<br>最上級 | neatest<br>neat(整頓されている)<br>の最上級 |
| bronze<br>青銅 | factory<br>工場 | |

## エピソード

**原文【3】** は、「納期に間に合わない」という相手を非難せず、まず相手の工場をほめることで相手の心を開き、こちらからあえて要求を切り出さずとも相手から「納期を守る」約束を引き出したという例です。

また、**原文【2】** は、マッキンリーが大統領選の際、一人の優秀な共和党員が持ってきたスピーチの原稿に対しての対応で、この **法則3** の応用例です。実際にその原稿は満足のいくものではなかったものの、大統領は「これはすばらしいスピーチだ！」とまずほめた後、「党の方針に合っているかどうか、今夜の会合にふさわしいかどうか」と質問しました。それによりその党員は、はっきり言われなくても、このスピーチでは不適切で、書き直さなくてはいけないとすぐに気づいたそうです。自分の作った原稿にも部分的に良いところがあったと認めてもらえ、頭ごなしに否定されなかったことで、彼のプライドとやる気は損なわれ

ませんでした。

「ほめられる」ことと「やる気」の関連性は、脳科学でも研究されています。人はほめられると、ドーパミンと呼ばれる物質が脳から放出されます。ドーパミンとは、やる気や行動力を高める神経伝達物質です。ほめられてドーパミンの分泌量が増えるとモチベーションが高められ、前向きな気持ちになってもらえるのです。たとえ、その後に批判や注意などネガティブなことを言われても、モチベーションが高まっているので素直に耳を傾けることができるのでしょう。

　私もこの法則を大学のクラスで実践するように心がけています。授業中のやりとりは基本的に英語で行われるため、学生たちには「多少の間違いは気にしないで、どんどん積極的に発言してほしい」とあらかじめ伝えてはあるものの、やはり自ら手をあげて答えたり発言したりするのは気遅れする人が多いようです。

　そこで、その内容にかかわらず、学生には積極的に発言したことをまずほめるのですが、それに対する学生の反応はさまざまです。わりと簡単な答えにも私が"Excellent!"とその都度反応していたら、後ろのほうの席から「この先生って、何でも大げさにほめるんだね」と冷ややかなひそひそ声が聞こえてきたこともあります。私はアメリカの大学でも教えていたことがあり、こういう小さなことへの"appreciation"はごく普通の光景で、学生たちもそれを言われると満足そうでしたが、日本では違和感があるのかもしれません。

また、「先生がちょっとした意見でもほめてくれるのでうれしかった」とアンケートに書いた学生がいるかと思えば、「間違った答えにも"Good."とほめるので、その答えが正しいのかと思い、紛らわしかった」といった指摘もありました。これは、私が少し難しい質問をした際、手をあげて答えた学生に、答えとしては間違っていたものの、内容的には興味深かったこともあり、その積極性を認める意味で、最初に"Very good!"とか"Interesting!"と反応したことを誤解してしまったものと考えられます。意欲を評価したい私と、正しい答えを求める学生との微妙なズレとも言えます。その意味で、ほめることが欧米ほど一般的ではない日本において、この 法則3 を実践する場合は多少注意が必要かもしれません。

法則4

## 少しの進歩でもほめ、
## ほめることを惜しまない

**Praise the slightest improvement and praise every improvement. Be "hearty in your approbation and lavish in your praise."**
わずかな進歩でもほめ、進歩するごとにほめる。心を込めてほめ、ほめることを出し惜しみしない。

解説

　この法則は、どんなにわずかなことでもほめることで相手のやる気を引き出す作戦です。そして、一度ほめた

らそれで終わりということではなく、相手が少しずつで
も進歩しているなら、それに気がつくたびにほめるのが
いいということです。"hearty ... praise."の部分にコー
テーションマークがついているのは、32ページの
原文【5】にあるように、これはもともと、部下をほ
めまくっていたチャールズ・シュワブが自分について
言った言葉だからです。"hearty"とあるのは、お世辞
ではその効果は期待できないためです。

「その人をほめるのは難しい」とか、人によっては「ほ
める材料がない」と思いがちかもしれませんが、カー
ネギーは常に相手にあたたかい眼差しを向け、そして
柔軟なものさしで判断し、わずかな進歩に気がつけば
ほめることができると強調しています。

人というのは、ほめられるとそれがはずみになって
「またほめられたい」と頑張り、さらに良いところが
伸びていきます。ところが、ほめられたことのない人
は、そういううれしさを経験していないため、そこか
ら「向上しよう」という意欲を持つことができません。
まずほめて、その人が前に進める土台を作ってあげる
ことが重要だと説明しています。

「ささいなことだからほめるに値しない」のではなく、
どんな小さな進歩でもほめてあげることで、その人に
重要感を持ってもらうことができるのです。

また、良いと思ってもあえてほめない人もいますが、
少しでも良いこと、わずかでも進歩したことに対する評
価を出し惜しみせず相手に伝えるほうが、相手のやる気

を引き出すことができます。他人を変えたいのなら、小さなことでも他人をほめるよう、まずは自分が変わることが大切だとカーネギーは強調しています。

### 原文

【1】Why don't we use praise instead of condemnation? Let's praise even the slightest improvement. That inspires the other fellow to keep on improving.

相手を非難する代わりに、ほめてみよう。ほんの少しの進歩でもほめてあげよう。そうすれば、相手は、さらに向上し続けようという気持ちになる。

【2】Lawrence Tibbett recently told me that that little bit of praise, that slight encouragement, proved to be the turning point in his career, ...

ローレンス・チベット（*アメリカのバリトン歌手）が最近話したことによると、ほんのささやかなほめ言葉、小さな励ましの言葉が彼の人生のターニングポイントになったとのことだ。

【3】Talk about changing people. If you and I will inspire the people with whom we come in contact to a realization of the hidden treasures they possess, we can do far more than change people. We can literally transform them.

相手を変えることについて話そう。もし、あなたも私

も、人が持っている秘めた才能を開花させるべく刺激を与えれば、その人を変える以上のことができる。実際、見違えるように変えることができるのである。

【4】Compared with what we ought to be, we are only half awake. We are making use of only a small part of our physical and mental resources. Stating the thing broadly, the human individual thus lives far within his limits. He possesses powers of various sorts which he habitually fails to use. (William James; the late Professor of Harvard)

　本来あるべき姿からすると、私たちはたった半分くらいしか気がついていない。自分たちの肉体的・精神的な力のほんの一部しか使っていない。一般的に、人はこんなふうに自分で限界を設けて生きている。さまざまな種類の力を持っているにもかかわらず、日常的に使えていないだけなのだ（ウィリアム・ジェームズ 故ハーバード大学教授）。

### 語句

| slightest | improvement | condemnation |
|---|---|---|
| slight(わずかな)の最上級 | 改善、進歩 | 非難 |
| **inspire** | **fellow** | **prove to be** |
| 刺激を与える | 仲間 | 〜となる |
| **turning point** | **career** | **hidden** |
| 転換点 | 経歴、生涯 | 隠れた |

| treasure | possess | literally |
|----------|---------|-----------|
| 宝物 | ～を持っている | 文字通り |
| **transform** | **awake** | **broadly** |
| 変える、改良する | 気づいて | 一般的に |
| **habitually** | **fail to** | |
| 習慣的に | ～しない、～できない | |

### エピソード

　カーネギーは、何か特別すばらしいことを成し遂げたわけでなくても、ほめる価値があると強調しています。

　この法則で思い出すのは、アメリカの小学校の授業風景です。私はアメリカのロサンジェルスで約7年間生活し、息子は現地の幼稚園と小学校に通いました。法則2でも述べたように、アメリカでは先生もコーチも親も、そして通りすがりの人も、とにかく子供をほめまくります。

　たとえば小学校1年生のクラスで、私が先生のアシスタントをしていた時のことです。いつも宿題をやってこない男の子が、ある日珍しく宿題をしてきたことについて、先生はものすごくほめたのです。日本的な感覚だと宿題をやってくるのは当然なので、「そんなにほめることではない」と思いがちです。でもこのことがきっかけで、その子は宿題をするようになりました。その子はほめられたことで自分に重要感を持つことができ、解説で説明したように、ほめられることのうれしさを味わったので、さらにがんばるようになったのです。

みんなが普通にしていることなので「特にその人だけをほめることはしない」、または「あの人にはほめることはない」というのではなく、その人の中にわずかでも進歩を見つけられれば、ほめることはできるのです。人と比較したり、一般的な標準、または自分の基準で判断したりすると、なかなかほめられませんが、柔軟でポジティブな目線を持っていれば、ほめられるということです。日本の子供に比べてアメリカの子供のほうが自己肯定感が強いというのも、こういう教育環境のせいかもしれません。

　原文【4】でウィリアム・ジェームズが言うように、その人の中にあるすばらしい才能や力に気づかず、無駄に日々を過ごしてしまっている人は少なくありません。まわりの人のちょっとした、でも誠意のあるほめ言葉や励ましによって可能性を引き出し、その人を成長させることができるのです。

　私も自分のクラスでは、小さいことでも大げさなくらい学生をほめるようにしています。法則3 で書いたように、違和感を覚える人がいるかもしれませんが、そのことで学生がクラスの中で重要感を持ち、やる気を出すことにつながっていくと信じています。

　言語学者でペンシルベニア大学教授のネッサ・ウルフソンによると、"compliment"（小さいほめ言葉）には"social lubricant"（社会生活の潤滑油）の役割があるそうです。ささやかなほめ言葉のやりとりが社会生活を円滑にしていくので、アメリカでは見ず知らずの

人同士でも、お互いによくほめるのです。親しくないからといって、ほめるのを出し惜しみしません。

## 第1章のポイント

「あなたは大切な人」と伝え、ほめて、ほめて、ほめまくる。

## コラム1 ほめることは難しくない！

　英語でほめるのは難しいと思っていませんか？　次のことに気をつければ簡単にほめることができます。アメリカ生活で出会った、ほめ上手なアメリカ人たちがしていたことを参考にまとめてみました。

① 小さなことでもほめる。
② 相手の良いところ・他の人と違うところに気がつく。
③ 他人と比較したり、世間の基準で見たりしないで、その人の中での進歩をほめる。
④ 異なる価値観や考え方を理解する。
⑤ 良いと思ったらすぐ口に出す。
⑥ お世辞やおべっかを言おうとしない。
⑦ 相手に自信を与えるという良いことをしているのだから、照れたりしない。

　以上の心がまえに加え、ほめる時に使う英語の表現も実は簡単です。47ページで紹介した言語学者のウルフソンがアメリカ人の日常会話のほめ言葉を分析したところ、9つのパターンだけで96.6％も占めたという報告をしています。つまり英語のほめ言葉はパターン化しているので、そのパターンを知っていればラクにほめられるのです。

　しかもそのパターンは、日本の中学レベルの英語で習う基本の文型です。私はその9つから、日本人が使

いやすいように5つに絞り、以下のように「ほめる英語の5つの基本パターン」として推奨しています。

① 形容詞一言

*Interesting! ／ Great! ／ Wonderful! ／
Excellent!*

② You are 〜.（〜ですね）

Your xx is 〜.（あなたのxxは〜ですね）

*You are creative!*

*Your explanation is clear!*

③ I like your 〜.（〜はいいですね）

*I like your tie. ／ I like your idea.*

④ I'm impressed with your 〜.

（〜はとてもいいですね。〜には感心しました）

*I'm impressed with your opinion.*

⑤ I admire your 〜.

（〜はすばらしい。〜にはとても感心しました）

*I admire your effort.*

　どれも簡単な文型ですが、実際にほめる時に非常によく使われます。この5つのパターンを頭に入れておけば、いろいろな状況に合わせて、簡単にほめられます。そして、カーネギーの言う重要感を相手に持ってもらうことができ、自分の好感度も上がり、コミュニケーションが円滑に進みます。

# 第2章

# 相手を理解するための法則

⇒たとえ意見や立場が違ったり、相手が間違ったりしても、相手を理解しようとすることによって、前向きな人間関係が築けます。批判や叱責で相手を変えることはできませんが、相手を理解しようとすれば、その心を開くことができます。

# 批判はやめよう

**Don't criticize.**
批判をしない。

## 解説

　批判を含めて、叱ったり非難したりといった、「相手を否定することはしない」という法則です。カーネギーはこの原則の根拠として、アメリカの歴史上のギャングや殺人犯が人々から〝社会の敵〟(public enemy) と思われているのにもかかわらず、自分たちを悪人とは認識せず、むしろ〝社会に貢献した善人〟(public benefactor) だと自覚していたり、犯した罪を反省していなかったりしたことを例にあげています。

　要するに、「自分は悪くない」と信じている人を批判しても効果は期待できず、むしろ相手に自己正当化をさせるだけなので、批判は「その人を変えたり、説得したりすることはできない」としています。

　たとえ「自分が絶対に正しく、相手が絶対に悪い」という根拠があっても、それが受け入れられないことはよくあります。批判してもただ相手の自尊心や重要感 (feeling of importance) を傷つけるだけで、批判した人は何の得にもなりません。そんな無益な批判よりも、相手を理解しようとすることが自分にとっても良い結果につながるとしています。

　また、人を批判すると自分も批判されるリスクがあるので、結局、自分も不利になりがちです。相手が自

己防衛のために「悪いのはそちらだ」と逆襲してくることは、ままあります。

　カーネギーは「批判することが本当に自分の目的を達成することにつながるのか」「自分に良いことがあるのか」と問いかけ、結局、「自分の得にはならない」としています。原書でのこの法則の章タイトルは、下の 原文 【1】です。honey（蜂蜜）を取りたい熊が蜂の巣を攻撃すれば、蜂の逆襲を受け、蜂蜜を取り損ねるということは大いにあり得ます。この文は一種の比喩で、もし自分の目的を達成したり良い結果や利益を得たりしたいなら、相手を攻撃したり相手の大事なものを壊したりすることは避けたほうがいい、というたとえです。

原文

【1】If you want to gather honey, don't kick over the beehive.

　もし、蜂蜜を集めたければ、蜂の巣を蹴散らしてはいけない。

【2】Criticism is futile because it puts a man on the defensive, and usually makes him strive to justify himself. Criticism is dangerous, because it wounds a man's precious pride, hurts his sense of importance, and arouses his resentment.

　批判は相手を防御態勢にさせ、必死に自己正当化さ

せるのが常なので、無駄である。批判は相手の大事な
プライドを傷つけ、その重要感を損ない、怒らせてし
まうので危険である。

【3】You will find examples of the futility of criticism
bristling on a thousand pages of history.

　批判することの無意味さの例は、歴史の数多くの局
面にあふれかえっている。

【4】The point I am trying to make is that all of
Theodore Roosevelt's criticism didn't persuade Taft
that he was wrong. It merely made Taft strive to
justify himself and to reiterate with tears in his eyes:
"I don't see how I could have done any differently
from what I have."

　私が強調したいのは、セオドア・ルーズベルト（＊
第26代米大統領）による批判のどれもが、タフト（＊第
27代米大統領）に彼が間違っていたことを納得させる
ことができなかったということだ。単に、タフトは自
己正当化に終始し、涙ながらに次のように繰り返すだ
けだった。「これ以外にどうやったらよかったのか、
私にはわかりません」と。

【5】Instead of condemning people, let's try to
understand them. Let's try to figure out why they do
what they do. That's a lot more profitable and

intriguing than criticism; and it breeds sympathy, tolerance, and kindness. "To know all is to forgive all."

　相手を非難する代わりに、その人を理解するようにしよう。その人がなぜそういうことをしたのか、理解してみよう。そのほうが批判するより何か得られるし、とても興味深い。そして、共感、寛容さ、やさしさを育むことになる。「すべてを理解することは、すべてを許すことだ」

【6】Let's realize that criticisms are like homing pigeons. They always return home.

　批判は伝書バトのようなものだと認識しよう。いつも戻ってくるものだ。

【7】"Don't complain about the snow on your neighbor's roof," said Confucius, "when your own doorstep is unclean."

　孔子（＊古代中国の思想家）曰く「隣の家の屋根の雪のことに不満は言うべきではない。自分の家の戸口がまだきれいになっていないのなら」。

【8】Benjamin Franklin: "I will speak ill of no man, ... and speak all the good I know of everybody."

　ベンジャミン・フランクリン（＊アメリカ合衆国建国の父の一人）曰く「私は誰の悪口も言いません。私の知っている、いいところしか言いません」。

【9】Any fool can criticize, condemn, and complain—and most fools do.

どんなバカでも批判、非難、文句は言える──たいていのバカはそうしている。

### 語句

| | | |
|---|---|---|
| **gather**<br>集める | **kick over**<br>ひっくり返す | **beehive**<br>ハチの巣 |
| **futile**<br>無駄な、役にたたない | **defensive**<br>防御の | **strive to**<br>〜しようと努力する |
| **justify**<br>正当化する | **wound**<br>傷つける | **precious**<br>貴重な |
| **arouse**<br>刺激する | **resentment**<br>憤り | **futility**<br>無駄、無益 |
| **bristle**<br>充満する | **persuade**<br>説得する | **wrong**<br>間違っている |
| **merely**<br>単に | **reiterate**<br>繰り返す | **condemn**<br>非難する |
| **figure out**<br>理解する | **profitable**<br>利益になる | **intriguing**<br>興味をそそる |
| **breed**<br>生み出す | **sympathy**<br>同情 | **tolerance**<br>寛容 |
| **forgive**<br>許す | **realize**<br>実感する、悟る | **homing pigeon**<br>伝書バト |
| **Confucius**<br>孔子 | **doorstep**<br>（玄関先の）段 | **unclean**<br>汚れた |
| **speak ill of**<br>〜の悪口を言う | **complain**<br>不平を言う | |

　悪名高きアメリカのギャング、アル・カポネやダッチ・シュルツが、「自分自身はたくさんの人々に良いことをした〝社会への貢献者〟である」と信じていたように、多くの犯罪者にも同じような傾向が見られます。凶悪犯人が収容されているニューヨーク州シンシン刑務所の看守の話によると、その囚人の多くが自分たちを悪人とは認めておらず、「自分の犯した犯罪には理由がある」と正当化していたそうです。それを踏まえて、カーネギーは「自分が悪い」と認めていない人をいくら非難しても、「相手を反省させることはできない」としているのです。

　相手を批判することの無意味さの例はアメリカ政治史にも見られます。**原文【4】**では、セオドア・ルーズベルトとその後継者のウィリアム・タフトの有名な喧嘩を紹介しています。ルーズベルトがどんなに強く批判しても、タフトに「自分が悪い」と認めさせることはできませんでした。むしろ自己正当化に終始した挙げ句、逆にルーズベルトを批判し返すなど、彼らの口論は不毛なものでした。非難や批判によって相手を説得することができなかった例です。

　翻って私たちの周りにも、部下が失敗したりミスしたりした時に厳しく叱責する上司がいます。それは今後そういうことを繰り返さないために、そのような態度をとるわけです。

　しかし、その目的を果たすためには、批判や叱責が

有効な手段とならないことがままあります。先の 解説 で説明したように、もし"honey"、つまり、良い結果や利益を手に入れたければ相手を攻撃するのではなく、他の有効な手段を考えるべきです。パナソニック株式会社の創業者で、経営の神様と言われた松下幸之助氏も次のように言っています。「部下の失敗はただ叱れば良いというものではない。失敗を自覚している時には褒めも又必要です」

このように、この 法則5 は、 法則2 「**相手の良いところを認めてほめる**」と組み合わせて実践すると、より大きい効果が期待できます。

---

法則6

# 相手の意見を尊重する

**Show respect for the other man's opinions. Never tell a man he is wrong.**
他人の意見に敬意を払う。「あなたは間違っている」とは、決して言わない。

---

解説

相手の意見を聞く時、それを判断したり評価したりしがちですが、相手を決して否定せず、まずは「その意見を理解しようとする姿勢が大切」という法則です。相手の間違いを指摘しても何も良いことがなく、相手を怒らせたり気まずい雰囲気にさせたりするなど、マイナスな効果しかないからです。

それよりも一歩下がって、協調的な態度で接してい

ると、やがて相手が心を開き、自ら間違いに気がつき、問題が解決することがあると、この方法をすすめています。自分の正しさを強調したり正論で切り込んでいったりしても、相手の重要感を損なうことになるだけで、得策ではありません。

　以下の 原文 を見るとわかるように、この法則の根底には「謙虚であれ」というメッセージも込められています。

原文

【1】If I had told him he was wrong and started an argument, there probably would have been a law suit, bitter feelings, a financial loss, and the loss of a valuable customer. Yes, I am convinced that it doesn't pay to tell a man he is wrong.

　もし相手が間違っていると指摘して論争が始まれば、おそらく訴訟、苦い感情、金銭的喪失が発生し、大事な客を失うことになるだろう。そう、相手が間違っていると言うのは割に合わないと確信している。

【2】Don't argue with your customer or your husband or your adversary. Don't tell him he is wrong, don't get him stirred up, but use a little diplomacy.

　客や夫、敵対者と口論するのはやめよう。相手が間違っているとは言わない。相手を怒らせない。上手に対応しよう。

【3】Never begin by announcing, "I am going to prove so and so to you."

「何々だと証明いたしましょう」などと切り出してはいけない。

【4】Men must be taught as if you taught them not. And things unknown proposed as things forgot.

　こちらが教えているようには見せないで、相手には学ばせていくべきである。そして、もしその人が知らなかったことでも、忘れていたと思わせるのである。

【5】Socrates：One thing only I know; and that is that I know nothing.

　ソクラテス（＊古代ギリシャの哲学者）曰く「私の知っていることはただひとつだけだ──自分が何も知らないということ」。

【6】James Harvey Robinson says; It is obviously not the ideas themselves that are dear to us, but our self-esteem which is threatened.

　ジェームズ・ハーベイ・ロビンソン（＊アメリカの歴史家）曰く「私たちに重要なのは、明らかに、意見そのものではなく、自尊心が危うくなることだ」。

【7】One of the finest things I know about Ben Franklin is the way that he accepted that smarting rebuke. He was big enough and wise enough to realize it was true, to sense that he was headed for failure and social disaster.

　ベンジャミン・フランクリンの最も素晴らしい点のひとつだと私が思うのは、手痛い非難を受け入れたことだ。彼は器が大きく聡明なので、その批判が当たっていて、自分が失敗したり社会的混乱を招いたりしかねないと気がついたのである。

## 語句

| respect<br>敬意 | wrong<br>間違っている | argument<br>議論 |
| --- | --- | --- |
| law suit<br>訴訟 | bitter<br>苦い | financial<br>金銭的な |
| loss<br>失うこと | valuable<br>貴重な | be convinced<br>確信している |
| argue<br>議論する | customer<br>客 | husband<br>夫 |
| adversary<br>敵 | stir<br>かき回す | diplomacy<br>外交、駆け引き |
| announce<br>発表する | prove<br>証明する | propose<br>提案する |
| forgot<br>forget（忘れる）の<br>過去形・過去分詞系 | obviously<br>明らかに | dear<br>大切な |
| threatened<br>脅かされる | finest<br>fine（良い）の最上級 | smarting<br>ヒリヒリする |
| rebuke<br>非難 | sense<br>気づく | be headed for<br>〜に向かう |

| failure | disaster |
|---------|----------|
| 失敗 | 災害 |

## エピソード

　ソクラテスの格言が示しているのは「謙虚になる」ことの重要性であり、ロビンソンが言っているのは「人は、自尊心を傷つけられるのが一番こたえる」ということです。この二つの名言を踏まえ、カーネギーは相手が間違っていた時、それを指摘する代わりに、一歩譲って「私の間違いかもしれません。実はよく間違えるもので。そこでひとつ、事実をよく考えてみましょう」という言葉が効果的だと提案しています。とりわけ顧客の苦情処理で相手に聞く耳を持ってもらいたい場合に有効だと強調しています。

　また、誤りを指摘されなかったことで逆にその誤りを素直に認めた、という自身の経験も紹介しています。

　カーネギーがあるインテリアデザイナーにカーテンをオーダーした際、かなり高額の値段を請求されました。その後、そのカーテンの値段を知った友人に「それはひどい、ぼったくられましたね」と言われたカーネギーは、「良いものは結果的には安くつく」などと言って自己弁護に走りました。

　その翌日、別の友人がそのカーテンをとてもほめ、さらに「お金さえあれば自分の家にもこんなに素敵なカーテンをつけたいものだ」とうらやましげに言ったところ、それに対するカーネギーの反応は、前日とは

全く違うものでした。

「実は、私にもそんな余裕はなかったのだけど、お金を使いすぎちゃいました。これを注文したことを後悔しているんです」

これは明らかに、自分の間違いを素直に認めた発言です。

このように、こちらの出方次第で相手の反応も全く変わってきます。相手の誤りを指摘すれば、自己防衛という名の殻で固く閉ざしがちになることを見越してあえてそのことには触れず、相手を受け入れて敬意を示せば心を開いてもらうことができるのです。

ヤフーの元CEOでグーグルの副社長でもあったマリッサ・メイヤーも、部下の意見に敬意を払っていました。彼女は次のように話しています。

「説得するよりも『話を聞くこと』を重視してきました。ヤフーには、すぐれたベテラン社員がたくさんいます。勤続年数が長いということは、その分野でのノウハウや問題解決の方法をたくさん知っているということです。それを引き出すのが私の仕事であり、社員が『こうしたい』という気持ちを支持してあげることが大切だと思っています」

ベストセラー『The 7 Habits of Highly Effective People』（邦題『完訳 ７つの習慣 人格主義の回復』）を書いたスティーブン・コヴィーも、"Seek first to understand, then to be understood"（最初に相手を理解しようとしてから、自分を理解するようにしてもらおう）

と言って、まずは相手を理解することの重要性を強調しています。間違っていると思ってもそれは指摘せず、相手を理解しようとすることです。

## 相手の観点から物事を見る

**Try honestly to see things from the other person's point of view.**
相手の観点から真摯に物事を見るようにする。

### 解説

人を説得したり批判したりする場合、「自分は正しい」「相手が間違っている」と信じ込んでしまいがちですが、相手は「自分が間違っている」とはつゆほども思っていません。ですから、自分の価値観で相手を非難しても始まらないし、それよりも「相手がなぜそう考えるのか」を理解するほうが得策です。自分の観点にこだわらず、柔軟に、相手の視点から問題点を見てみることをカーネギーはすすめています。

相手の考えや行動にもそれなりの理由があるはずで、その理由を探すことのほうが、意味があります。相手の身になってみてその理由や原因を探すと、相手の取った行動を理解でき、相手に共感を覚えることもできます。

### 原文

【1】If, as a result of reading this book, you get only

one thing—an increased tendency to think always in terms of the other person's point of view, and see things from his angle as well as your own—.

　この本を読んだ結果として得られるものがひとつあるとすれば、相手の観点で考え、自分からの視点に加えて、相手の視点からも物事を見る習性がより身につくということだ。

【2】Try honestly to put yourself in his place.

If you say to yourself, "How would I feel, how would I react if I were in his shoes?" you will save a lot of time and irritation, for "by becoming interested in the cause, we are less likely to dislike the effect." And, in addition, you will sharply increase your skill in human relationships.

　自分を相手の立場に真摯に置き換えてみよう。「彼の立場だったら、どう感じるだろうか？　どう対応するだろうか？」と自問自答すれば、時間とイライラの節約になるだろう。なぜなら、「原因に関心を持てば、結果はさほど気にならなくなる」からだ。さらに、人間関係のスキルを大いに伸ばすこともできる。

【3】Remember that the other man may be totally wrong. But he doesn't think so. Don't condemn him. Any fool can do that. Try to understand him. Only wise, tolerant, exceptional men even try to do that.

相手が絶対に悪いかもしれないけれど、「向こうはそう思っていない」ということを覚えておいてください。相手を非難するのはやめよう。どんな愚か者でもできることだ。でも、その人を理解するようにしよう。賢くて寛容な、並外れた能力のある人だけが、そうしようとする。

【4】Success in dealing with people depends on a sympathetic grasp of the other man's viewpoint.

　人とうまくやっていけるかどうかは、相手の見方に共感を示せるかどうかにかかっている。

**語句**

| | | |
|---|---|---|
| **point of view**<br>（**viewpoint**）<br>観点 | **result**<br>結果 | **increase**<br>増加する |
| **tendency**<br>傾向 | **in terms of**<br>〜の観点から | **angle**<br>観点 |
| **honestly**<br>誠実に | **place**<br>立場 | **react**<br>反応する |
| **save**<br>節約する | **irritation**<br>いらいらすること | **cause**<br>原因 |
| **less**<br>（littleの比較級）<br>より少なく | **be likely to**<br>たぶん〜である | **dislike**<br>嫌いである |
| **effect**<br>結果、影響 | **in addition**<br>それに加え | **sharply**<br>急に |
| **human relationship**<br>人間関係 | | **totally**<br>全く |

| condemn<br>非難する | tolerant<br>寛容な | exceptional<br>例外的な |
| --- | --- | --- |
| deal with<br>付き合う、扱う | depend on<br>〜による | sympathetic<br>同情的な |
| grasp<br>摑むこと | | |

### エピソード

カーネギーは気分転換に、よく近くの公園に散歩に行っていました。園内ではたき火が禁止されているものの、それを知らずに野外料理を楽しむ若者たちを見るたび、カーネギーは厳しく注意していました。彼らは渋々やめるものの不満げで、カーネギーも後味の悪さを感じていました。そこである日、若者たちに対して次のように伝えてみました。

「とても楽しそうだね。私も若いころは君たちのようにたき火をするのが好きだったな。でも、火事には十分気をつける必要があるよ。君たちが楽しんでいる邪魔をするつもりはないけれど、終わったら火をしっかり消してくれたまえ。それじゃ、楽しんで!」

すると彼らは快く聞き入れ、お互い円満に、問題は解決されたといいます。

何事もせっかく楽しんでいる最中、いくら相手の言うことが正論であったとしても、小言を言われるのは気持ちの良いものではありません。そのことに気づいたカーネギーが彼らの目線に立って話しかけてみたところ、それが結果的に功を奏したというわけです。

私の知人に元商社マンのⅠ氏という人がいます。アメリカ駐在時代、発電事業の総責任者としてプロジェクトを成功させたのですが、この 法則7 と前述の 法則6 「相手の意見を尊重する」を組み合わせた成果だと私は見ています。

　州政府、建設業者、銀行を始めとする、多数の事業参加者の利害が複雑に絡み合う中、彼は限られた時間内で融資契約締結に持ち込むべく厳しい交渉を強いられ、眠れない日々が続いたそうです。

　そして、ようやく契約も大詰めに差し掛かった時、ガスのパイプラインのルート建設予定地に「遺跡が出るかもしれない」という理由で調査命令が出ました。その調査の結果、仮に遺跡が発見されれば計画は根底から覆されます。長い歴史を持つ日本人の感覚で、最初は「こんな歴史の浅い国で遺跡なんて」と怒ったそうです。

　しかし、南北戦争の戦場だった場所だとの説明を受けた彼は、考えを変えます。

「この国では百数十年前の話でも遺跡なのだ」

「外国人の我々が疑義をさしはさむ余地はない」

　幸い部分調査で済み、無事締結にこぎつけることができました。

　相手の観点から物事を見て、その価値観に敬意を払い、自分の意見を押し通さなかったところ、結果的に成功できたということで、カーネギーの法則がもたらした成功例と言えます。このプロジェクトの成就によ

って当事者・交渉相手はお互い、難しい交渉をまとめあげた達成感を共有でき、その後も何かあるたびに立場や国を超えて助け合うようになり、仕事相手以上の絆ができたそうで、「それは現在でも宝物」（Ｉ氏）とのことでした。

このＩ氏の経験談は、相手の観点から物事を見ることが個人対個人のレベルだけでなく、組織、国家というより大きなレベルでも非常に大切だということを再認識させてくれるものでした。

幕末の若者に思想的影響を与えた吉田松陰も「自分の価値観で人を責めない」という言葉を残しています。物事を判断する物差しが違うと最初からわかっていれば、相手の意見を非難することも少なくなります。

現在、多様性（diversity）という言葉が頻繁に使われているように、さまざまな価値観や考え方を受け入れることが求められています。「自分の基準が正しい」「物差しはひとつだけ」という狭い考え方では自分の世界も狭いものになり、結局は自分が損をすることになります。相手の価値観を受け入れることで自分も豊かになり、いろいろな可能性が広がります。

アマゾン創業者のジェフ・ベゾスも次のように言っています。

"If you decide that you're going to do only the things you know are going to work, you're going to leave a lot of opportunity on the table."（もしう

まくいくだろうと自分でわかっていることだけをやると決めたなら、テーブルの上に多くの可能性が残されたままになる）

彼は、自分の考え方や価値観には限界があり、別の観点から見たり違う考え方で取り組んだりすることで、ビジネスの幅がより広がると考えているのです。

このようにこの法則は、自分の可能性を広げることにもつながります。

---

法則8

## 相手の考えに共感を示す

**Be sympathetic with the other person's ideas and desires.**
相手の考えや希望に共感を示す。

---

#### 解説

カーネギーは相手に何かをしてもらいたい場合、どうすればよいか、いろいろな提言をしていますが、これもそのひとつです。

「自分はこんなに大変な立場にある」「自分は本当に不幸なんだ」などと、自分を「かわいそうな存在」と思っている人は、他人にそれを理解してもらいたいと願います。そんな自分にまず同情してほしいのです。

そういう人に対してはまず共感を示すと、やがて心を開き、聞く耳を持つようになります。たとえ理不尽なことであっても相手の気持ちや要望を否定せず、まずはそれに理解を示せば相手との共通基盤を作ることができ、物事を前に進めることが可能となります。

あなたが相手の考えを変えたい時、頭ごなしに正論で説得したり論理的に批判したりするのではなく、まずは相手の状況に同情を示せば相手の気持ちもやわらぎ、考えを変える余裕ができるというわけです。

**原文**

【1】Three-fourths of the people you will meet tomorrow are hungering and thirsting for sympathy. Give it to them, and they will love you.

　明日あなたが出会う人のうち、4分の3の人が共感されたいと心の底から渇望している。だから共感していると伝えれば好感を持ってもらえるだろう。

【2】Wouldn't you like to have a magic phrase that would stop argument, eliminate ill feeling, create good will, and make the other person listen attentively? ... Begin by saying: "I don't blame you one iota for feeling as you do. If I were you, I should undoubtedly feel just as you do."

　言い争いを終わりにし、嫌悪感を取り除いて善意を生み出し、しっかり聞いてもらえるような魔法の言葉を使いたいと思いませんか？　最初にこう言ってみよう。「そういうふうに感じていらっしゃることを非難するつもりはこれっぽっちもありません。あなたの立場だったら、私もきっと同じように感じますよ」

【3】By apologizing and sympathizing with her point of view, I got her apologizing and sympathizing with my point of view. I had the satisfaction of controlling my temper, the satisfaction of returning kindness for an insult.

謝罪して彼女の考え方に共感を示すと、彼女も私に謝罪し、私の見方に共感してくれたのである。私は自分の感情をコントロールできたこと、そして、自分の受けた侮辱をやさしさで返したことに満足していた。

【4】Dr. Arthur I. Gates says in his splendid book, … "Sympathy the human species universally craves. The child eagerly displays his injury; … 'Self-pity' for misfortunes real or imaginary is, in some measure, practically a universal practice."

アーサー・ゲイツ博士（*コロンビア大学）は彼の名著の中で次のように述べている。「同情は人間誰もが強く求めるものです。子供は自分の怪我をとても見せたがります。その不幸が事実であろうと想像であろうと、ある程度の『自己憐憫』は実際誰にもあるものです」

## 語句

| sympathetic<br>同情的な | desire<br>欲望 | hungering<br>お腹がすいている |
| --- | --- | --- |
| thirsting<br>喉が渇いている | sympathy<br>同情 | argument<br>論争 |

| | | |
|---|---|---|
| **eliminate**<br>取り除く | **ill**<br>悪い | **attentively**<br>丁寧に |
| **blame**<br>非難する | **one iota**<br>わずか、少し | **undoubtedly**<br>確かに |
| **apologize**<br>謝る | **sympathize**<br>同情する | **satisfaction**<br>満足 |
| **control**<br>制御する | **temper**<br>感情 | **insult**<br>侮辱 |
| **splendid**<br>見事な | **human species**<br>人類 | **universally**<br>普遍的に |
| **crave**<br>切望する | **eagerly**<br>熱心に | **display**<br>見せる |
| **injury**<br>怪我 | **self-pity**<br>自分をかわいそう<br>だと思うこと | **misfortune**<br>不運 |
| **imaginary**<br>想像上の | **in some measure**<br>ある程度 | **practically**<br>実際に |
| **universal**<br>一般的な | **practice**<br>行動 | |

### エピソード

　有名なロシア出身のオペラ歌手のシャリアピン（1873-1938）は、時にまるで聞き分けのない子供のような振る舞いをすることで知られていました。マネージャーのヒューロック氏は、そんな彼に常にてこずらされつつも、その扱い方を心得ていたそうです。ある時、シャリアピンが公演当日の昼頃に電話をかけてきて「気分がとても悪く、喉が痛くて、今晩はとても歌えそうにない」と言いました。ヒューロック氏は、そ

んな彼を正当な理由を並べて説得するのは無駄だとわかっていました。そこで彼のホテルに飛んでいき、次のように同情したそうです。

「これは大変、なんてお気の毒でしょう、もちろん、こんな状態では歌うのは無理です。早速公演をキャンセルしましょう。何千ドルもの違約金を払うことにはなりますが、あなたの名声に傷がつくことに比べたら何てことありませんから」

するとシャリアピンは意外にも、「もう少し、様子を見てみよう。夕方、もう一度来てもらって、その時の様子で考えてみよう」と言い、すぐにキャンセルしようとはしませんでした。

その後、ヒューロック氏は17時と19時半の2回、ホテルに彼を訪れ、そのたびにやさしく同情の言葉をかけ続けた結果、シャリアピンは開演直前になって、舞台に立つことを決めたそうです。

いくら有名人であっても、他人からの同情が喉から手がでるほどに欲しい時があるものです。今、いかに大変な状況に自分が置かれているかをわかってもらいたいと切望するのは人間の心理です。そんな時、どんなに論理的な説明より、やさしさにあふれた同情やいたわりの心、その望みを受け入れてあげる共感の心が、相手の気持ちを変えたという実例でした。

## 間違いをそれとなく気づかせる

**Call attention to people's mistakes indirectly.**
相手の間違いに、それとなく気づかせるようにする。

### 解説

　間違いをすぐに指摘することは手っ取り早い方法ではあるものの、相手の重要感やプライドを傷つけることもあります。相手のやる気を損なわないよう、それとなく気がつかせるのも有効な方法だとカーネギーはすすめています。

　"indirectly"は「間接的に」という意味なので、叱責するのではなく、遠まわしに言ったり質問したりするなどして、自分から気づかせるのです。また、間違っている時にすぐ指摘せず、それでいいと思うか自分で考えさせるのも、この法則の応用例です。

　また、あなたがリーダーや上司の場合、自らお手本を示すことで、はっきりと指摘しなくても部下たちにやるべきことを気づかせることができます。

### 原文

【1】Charles Schwab walked over to the men, handed each one a cigar, and said, "I'll appreciate it, boys, if you will smoke these on the outside." They knew that he knew that they had broken a rule—and they admired him because he said nothing about it and gave them a little present and made them feel important.

　チャールズ・シュワブは（*タバコを吸っている）部下たちのもとに行き、一人ずつタバコを渡しながら、「君たち、タバコは外で吸ってもらえるとありがたいですね」と言った。自分たちが規則を破っていることをシュワブは承知していることに、彼らも気がついていた。だからこそ、そのことについては何も言わず、小さなプレゼントをあげて重要感を持たせたシュワブに、尊敬の念を抱いたのである。

【2】Wanamaker didn't say a word. Quietly slipping behind the counter, he waited on the woman himself and then handed the purchase to the sales people to be wrapped as he went on his way.

　ワナメーカー氏（*大手デパートのオーナー）は、（*おしゃべりに夢中で、カウンターで待っているお客に気づかない店員たちには）一言も言わなかった。ただ、そっと静かに売り場のカウンターに入り、自らその買い物客に応対し、品物を包むように店員に渡し、立ち去っていった。

### 語句

| call attention<br>注意を促す | indirectly<br>間接的に | hand<br>渡す |
| --- | --- | --- |
| cigar<br>タバコ | broken<br>break（破る）の<br>過去分詞 | admire<br>尊敬する |

| | | |
|---|---|---|
| **slip**<br>そっと動く | **wait on**<br>応対する | **purchase**<br>購入品 |
| **wrap**<br>包む | | |

## エピソード

原文【1】の例は鉄鋼王アンドリュー・カーネギーの右腕として知られるチャールズ・シュワブが、禁煙の場所で喫煙している従業員に対し規則をたてに頭ごなしに注意することなく、自ら気づかせ、かつ、そのプライドを損なわないようにしたもので、シュワブが慕われる原因にもなっているという話です。

イタリアの科学者ガリレオも「人にものを教えることはできない。自ら気づく手助けができるだけだ」と言っているように、相手に気づかせることは、とても重要です。

ガリレオとほぼ同時代を生きた豊臣秀吉が、いかに部下のモチベーションを上げたかという例のひとつに「台風で壊れた清洲城の塀の修理」の逸話があります。織田信長がなかなか進まない塀の修理に業を煮やし、秀吉（当時は木下藤吉郎）を臨時の普請奉行に命じました。さっそく現場に行ってみると、工事人たちは仕事をせず、のんびりとくつろいでいました。そこで藤吉郎が「塀の修理がされていないと、敵が攻めてくる。敵が攻めてきたら、お前たちも家族も殺されてしまう。そうなったら大変だろう」と言うと、みな危機意

識を持ち、塀の修理を急いでしなくてはいけないと自ら気がついたということです。藤吉郎は「なぜ、急いで仕事をしないのか」と工事人たちを直接、叱責するのではなく、「急いでやらなければいけなかったのだ」と自分たちの間違いに気がつかせるようにしたわけで、この法則の例だと言えるでしょう。

相手が間違いをおかした場合、直接指摘することを避け、間接的にほのめかして相手に自ら気がつかせるのは、相手の "feeling of importance" を損なわないようにというカーネギー流の配慮です。

カーネギーはさらに、スピーチの原稿を見てもらった妻にほめられたことで逆にダメな原稿だと気がついた夫の、ユニークな例を紹介しています。頭の良い妻は「スピーチとしては堅苦しくて眠くなりそう」などと本音ではっきりとは指摘せず、「この原稿は学術雑誌にのせるなら素晴らしい」とほめたのです。夫はすぐにスピーチとしては不合格と遠回しに言われたとわかり、書き直し始めます。夫のプライドを損なわず、間違いに気がつかせた妻のおかげで、彼は生き生きとしたスピーチで聴衆をひきつけることができたそうです。

このやり方は皮肉や嫌味と誤解される恐れもあるので、気をつける必要があるかもしれません。あたたかい思いやりと受け止めてもらえるよう、その人を全面的に否定することなく、さりげなく示せば、相手も素直に受け取ってくれるでしょう。

# 相手の顔を立てる

**Let the other man save his face.**
相手の顔を立てるようにする。

## 解説

　日本の社会に重要な「顔」を、カーネギーも人間関係において大切な要素だと主張していることは興味深いです。ただ、カーネギーの"face"はいわゆる日本語の対面、メンツよりも深いニュアンスがあり、彼の主張している"feeling of importance"（重要感）や"self-esteem"（自己肯定感）に近いものがあります。目の前の事実だけではなく、相手が今までしてきたこと、相手が努力してきたことに理解を示すことで、結果は同じでも相手を傷つけるのを避け、やる気を途絶えさせないことができるとしています。

　"save"には「保つ」「確保しておく」という意味がありますが、顔だけでなく、相手の重要感やモチベーションも保たれるのがこの法則の効果です。

## 原文

【1】Letting him save his face! How important, how vitally important that is! And how few of us ever stop to think of it! We ride roughshod over the feelings of others, getting our own way, finding fault, issuing threats, criticizing a child or an employee in front of others, without even considering the hurt to the other person's pride!

その人の顔を立てること！　それはどんなに大切なことか！　きわめて重要なことなんだ！　そしてそれを考えている人がいかに少ないことか！　私たちは子供や従業員に対し、その感情を踏みにじり、自分の思い通りにし、相手の間違いを見つけ、脅し、批判している。それも他の人の前で、相手のプライドを傷つけることを考えもせずに。

【2】Whereas a few minutes' thought, a considerate word or two, a genuine understanding of the other person's attitude would go so far towards alleviating the sting!

　2～3分で思いつく、1～2語の思いやりのある言葉、相手の態度を本当に理解することが、棘の鋭さをやわらげてくれることになるのに。

【3】"I recently decided to let our extra men go with a little more tact and consideration. ... And I've said something like this: 'Mr. Smith, you've done a fine job (if he has). ... , and we want you to know the firm is proud of you. You've got the stuff ... This firm believes in you, and is rooting for you, and we don't want you to forget it!'"

「余剰人員を解雇する時は、うまく相手の気持ちに配慮するようにしようと決めました。たとえば次のよう

に言っています。『スミスさん、良い仕事をしていただきました（本当にそうだったらですが）。わが社があなたを誇りに思っていることをわかっていただきたい。あなたには才能があります。わが社は、あなたを信頼し、応援していますよ。そのことを忘れないでほしい』」

【4】"Effect? The men go away feeling a lot better about being fired. They don't feel 'let down.' They know if we had work for them, we'd keep them on. And when we need them again, they come to us with a keen personal affection."

「その効果？　彼らは解雇されても、より前向きに感じて去っていくということです。『見捨てられた』とは感じていません。もし仕事があれば、雇い続けたであろうことをわかってくれています。そして、私たちがまた彼らを必要とすれば、特別に好意を持って来てくれるということです」

## 語句

| | |
|---|---|
| **save face**<br>顔を立てる | **vitally**<br>極めて |

| | |
|---|---|
| **ride roughshod**<br>踏みにじる（roughshodは「馬が滑り止め<br>付きの蹄鉄をつけた」「非道に」の意味） | **fault**<br>欠点 |

| | | |
|---|---|---|
| **issue**<br>発する | **threat**<br>脅迫 | **employee**<br>従業員 |

| | | |
|---|---|---|
| **whereas**<br>〜であるのに | **consider**<br>考える | **considerate**<br>思いやりのある |

| genuine<br>真の | attitude<br>態度 | alleviate<br>軽減する |
| --- | --- | --- |
| sting<br>棘 | extra<br>余分な | tact<br>機転 |
| consideration<br>配慮 | firm<br>会社 | stuff<br>素質、才能 |
| root<br>応援する | fire<br>解雇する | let down<br>失望させる |
| keen<br>熱心な | personal<br>個人的な | affection<br>愛情 |

**エピソード**

**原文** 【3】～【4】では顔を立てるひとつの例として、忙しい時期だけ公認会計士をパートで雇っている会計事務所の所長のやり方を、カーネギーは紹介しています。所長は、契約期間が終わって解雇する際も、このように会計士たちに労いと感謝と応援の言葉をかけることを忘れませんでした。ビジネスライクに解雇してもかまわないわけですが、あたたかい気配りによって非常勤会計士たちの顔を立てておけば、重要感を持ってもらうことができます。ひいては、次の機会にも「この事務所でぜひ働きたい」という気持ちにもなってもらえます。

　結果的に、長い目で見れば「自分にも好都合になる」という例です。「契約だから」とか「自分が持つ権限なのだから当然」と思うのではなく、たとえ非常勤の職員でも、プライドを失わずに自分が意味のある存在だと思えるよう配慮をすることが、カーネギー流〝相

手の顔をつぶさないやり方〟です。カーネギーの言う〝顔を立てる〟とは、表面的にメンツをつぶさないということより、相手の重要感を損なわないということなのです。

前述の 法則9 「間違いをそれとなく気づかせる」とも重なりますが、相手が間違っていることを指摘する場合、その顔をつぶさないようにさりげなく配慮するのもこの法則のひとつのパターンです。

目上の人の顔を立てるというのは、比較的、みなさんは慣れているかもしれませんが、部下や身内の者の顔を立てるということに関しては違和感を持つ人もいるかもしれません。厳しいビジネスの世界で、顧客の顔はともかく、「上司が部下の顔を立てる必要があるのか」という議論もあると思いますが、結果として部下のやる気を継続させ、自分にとっても事態が好転するということが、カーネギーの法則のポイントです。

ただ、この「顔」を立てるというのはなかなか難しい、というのが私の感想です。ここで思い出すのは、ある大学のクラスでの出来事です。宿題になっていたエッセイをペアで評価し合うアクティビティの前に「宿題をして来なかった人はいますか?」と尋ねたところ、誰も手をあげなかったのでペアを決め、いざ始めようとした時のことです。ある男子学生が私のところに来て、「実はやって来なかったのですが……」と言ったのです。私は「ペアを決める前に言ってほしかったですね」と、叱責というほどの口調ではなく、冷

静に指摘したつもりでした。その後、ペアを決め直してクラスメートがその課題をしている間、彼はエッセイの続きを書いていたようです。

　しかし、次の週から彼は授業に来なくなりました。彼の友だちに聞くと「彼はこのクラスはやめたそうです」と。私としては注意をしたという認識ですが、みんなの前で言われたことで彼は「顔」をつぶされたと思い、傷ついたのかもしれないと、私は複雑な思いでした。彼のしたことは注意されて当然だとしても、結果的には私の授業へのやる気を失ったわけで、それは私の望むことではありませんでした。彼の「顔」に配慮して、授業の後に言うべきだったのかもしれません。ちなみに、その授業はカーネギーの本とは関係のない、ライティングのクラスでした。

## 第2章のポイント

批判をせず、相手の目線に立って理解を示し、相手のプライドを尊重しましょう！

## コラム2 カーネギーの原書を使った英語の授業

　私は長年、複数の大学で、英語のクラスの教材としてカーネギーの『HOW TO WIN FRIENDS AND INFLUENCE PEOPLE』を使ってきましたが、ここに、私のクラスの進め方をご参考までに紹介したいと思います。

　大学によって、英語セミナーであったりリーディングであったりと授業の種類やタイトルは異なりますが、共通の目的はカーネギーの原書を読んで読解力を養いながら、より良い人間関係の築き方を考えるということです。

　また私は、英語での発信力を養うことが大切だと考えているので、リーディングのクラスでも基本的には英語で行うことにしています。「はじめに」でも述べたように、カーネギーの価値観は英語で説明したほうがより正確に伝わるので、日本語で補足説明をすることはありますが、基本的には英語でやりとりするようにしています。

　学生たちには、あらかじめ、その章ごとのワークシートを配付し、それに従って指定の章を読んで予習してもらいます。そのワークシートは3セクションに分かれており、最初のセクションはQ&Aで内容の理解を助けるような質問をいくつか出し、学生たちはその質問に答えようとしながら本文を読み、内容を理解しようとします。

　たとえば、 法則5 「批判はやめよう」の章では、

Why does Carnegie state criticism is futile?
Give several reasons why he thinks so. (なぜカーネ
ギーは批判が無駄だと言っているのですか？　そう考える理由
をいくつか挙げなさい)

という質問があり、学生たちは本文でその箇所を確
認しながら、なぜカーネギーは批判が無意味と考える
のか理解しようとします。クラスでは質問とその答え
を、教師と学生の間のやりとりで確認するようにしま
す。
　2番目のセクションは単語の確認です。ピックアッ
プされた重要単語について、学生たちは英英辞典で調
べておき、意味を理解します。
　3番目のセクションでは、クラスでのディスカッシ
ョンの準備のためにDiscussion Topicsを提示してお
きます。その法則に関連する、学生たちが興味を持つ
ようなトピックを出しておき、予習の段階で自分の考
えをある程度まとめてもらいます。クラスでは2〜3
人の少人数でディスカッションをし、さらにそれぞれ
の意見をクラス全体で共有し、いろいろな意見交換が
できるようにします。
　トピックはさまざまで、たとえば 法則5 の章で
は、以下のようなものです。

Do you agree with this principle or disagree ?
State your opinion with reasons why you agree or

disagree.（この法則に賛成、それとも反対ですか？　なぜ賛成または反対なのか、理由を述べて意見を言ってください）

　私は、全員が全員カーネギーの法則に賛成しなくてもいいし、納得しない人もいると思っています。だからこそこういうディスカッションも面白く、カーネギーの真意をくみとる良い機会にもなり、私自身も新しい発見に出会うこともあります。
　また 法則1 「相手に重要感を持ってもらおう」の章では、

There are many ways for making the other person feel important. Think several ways of making someone feel important.（相手に重要であると感じてもらうのには、たくさんの方法があります。その方法をいくつか考えてみてください）

　というトピックを出しています。　カーネギーの原文からすると、"appreciation"を始め、"praise"（ほめる）、"recognition"（認める）、"understanding"（理解する）そして"raising salary"（給料を上げる）や"sending flowers"（花を贈る）なども挙げられます。一方、学生たちから自分が重要感を持った例としては、プレゼンの時に拍手をしてもらった、「お昼、一緒に食べない？」と誘われた、試験前に「ノートを見せて」と頼まれたなどの意見が出たりして、私も「な

るほど」と思い、参考になりました。

　そして、学期の途中くらいで法則を実践してもらうようにします。「はじめに」でも述べたように、カーネギーは自分の本を読んだ読者に対し、読んだだけでは不十分で、実行してみて初めてそれぞれの法則の意味がわかると、実践や実験をすすめるメッセージを送っています。

　そこで私も学生たちに実践をしてもらい、その結果についてクラスで話し合う機会も作っています。実践をした結果、必ずしもカーネギーの言うような良い結果になるとは限りませんが、大体の学生は、ある法則を自分の生活の中で試してみることに意義があったと振り返っています。

　特に「重要感を持ってもらおう」「まず、相手をほめよう」「いつも笑顔で」などは、試しやすいためか実践した人が多く、効果も実感できたという報告が多数寄せられました。

　こういう一連の活動を通して学生たちが英語力を養いながら、カーネギーの法則のいくつかが自分の人生に役立つものとして受け止めてもらえればいいと願いながら、授業をしています。

# 第3章

# 相手をやる気にさせる
# ための法則

⇒自分の要望、要求や命令を前面に出すのではなく、
常に相手の目線で物事を見て、相手に「そうしたい」
と思わせるための法則です。

# 「ぜひやりたい」と思わせよう

**Arouse in the other person an eager want.**
「ぜひやりたい」という気持ちにさせる。

## 解説

　私たちは自分の中に「やりたい」という気持ちが湧き起こらないと、なかなか物事に取り組む気にはなりません。理屈や命令によって相手のやる気を引き出そうとしても、つい自分の見方や価値観に基づいて説得しがちで、うまくいかないケースも多いものです。

　カーネギーは **原文** 【2】で、魚を釣ろうとする際、自分の好物（たとえばイチゴ）ではなく、自分が食べたくもない虫を餌として釣り針につけることを例に出しています。これは当たり前のことのようですが、人を説得するとなるとついそのことを忘れて、イチゴを釣り針につけてしまう——つまり自分の観点のみに依る説明や議論になりがちです。

　本来的には、相手が望んでいること、相手の欲しいものをはっきり見せることで、相手をひきつけることが必要で、そのためには柔軟な考え方、発想の転換をしなければなりません。

　カーネギーはこの法則を用いて、自分がしてほしいことをうまく相手にさせるようにした、さまざまな例を紹介していますが、ビジネスから子供のしつけまで、応用範囲は幅広いということがわかります。

【1】Harry A. Overstreet ... says: ... first, arouse in the other person an eager want. He who can do this has the world with him. He who cannot walk a lonely way!

ハリー・アレン・オーバーストリート（＊アメリカの作家）曰く「まず、相手が『ぜひやりたい』という気持ちになるようにしよう。これができる人は、世の中を味方につけられる。孤立無援になることはない」。

【2】When I go fishing, I don't think about what I want. I think about what they want. I don't bait the hook with strawberries and cream. Rather, I dangle a worm or a grasshopper in front of the fish and say: "Wouldn't you like to have that?"

Why not use the same common sense when fishing for men?

魚釣りの時、自分の好きなもののことは考えない。魚が好きなもののことを考える。（＊自分の好きな）生クリーム添えのイチゴ（＊欧米でよく食べられるデザート）を餌につけたりなどしない。そうではなく、「これが欲しくないかい？」と虫やバッタを魚の前にぶら下げる。

この魚釣りの常識を、人間にも使ってみようではないか？

【3】It was probably to the fact that Lloyd George had learned it was necessary to bait the hook to suit the fish.

（長く首相の座にいることができたのは）たぶんロイド・ジョージ（*イギリスの政治家）が、魚に合う餌を釣り針につけることが必要だと知っていたからだ。

【4】The only way on earth to influence the other fellow is to talk about what he wants and show him how to get it.

　他人に影響を与えうるこの世で唯一の方法は、その人が欲しいものについて話し、それをいかにして得るかを示すことである。

【5】Andrew Carnegie learned early in life that the only way to influence people is to talk in terms of what the other person wants. He attended school only four years, yet he learned how to handle people.

　アンドリュー・カーネギーは、幼い頃、人に影響を与える唯一の方法はその人が望んでいることの観点から話すことだと学んだ。彼は学校には4年しか通わなかったが、人の動かし方は心得ていた。

【6】Mind you, I got this reduction without saying a word about what I wanted. I talked all the time about what the other person wanted, and how he could get it.

　なんと、私が望んでいることは一言も言わずに、この値下げをしてもらったのだ。相手が望んでいること、

そしてどうすればそれを手に入れられるかということをずっと話しただけなのだ。

【7】Henry Ford said, "If there is any one secret of success, it lies in the ability to get the other person's point of view and see things from his angle as well as from your own."

　ヘンリー・フォード（＊フォードの創設者）は言った。「（＊上手な人間関係を築く）秘訣を何かひとつ挙げるとすれば、それは、相手の立場に立ち、自分の目線からと同時に、相手の目線からも物事を見る能力である」

【8】Thousands of salesmen are pounding the pavements today, tired, discouraged, and underpaid. Why? Because they are always thinking only of what they want. ... And if a salesman can show us how his services or his merchandise will help us solve our problems, he won't need to sell us. We'll buy. And a customer likes to feel that he is buying—not being sold.

　今日も、何千人ものセールスマンが、疲れて、がっかりして、少ない給料で、街を歩き回っている。なぜだろうか？　それは彼らが常に「自分の望んでいること」しか考えていないからだ。そのサービスや商品が、私たちの問題を解決するのにどのように役立つのか、それを示してくれれば、私たちに売ろうとする必要は

ない。私たちのほうから買うからだ。そしてお客というのは、売りつけられるのではなく、「買ってみよう」と感じたいのだ。

【9】The father said to himself: "What does that boy want? How can I tie up what I want to what he wants?"

　その父親は、自問自答してみた。「あの子は何を望んでいるのだろうか？　どうすれば私の望んでいることを、彼の望みに結びつけられるだろうか？」と。

【10】William Winter once remarked that "self-expression is the dominant necessity of human nature."

　ウィリアム・ウィンター（*アメリカの弁護士・政治家）は、かつて、「自己表現は人間の本質の主要な必需品である」と述べた。

## 語句

| | | |
|---|---|---|
| **arouse**<br>刺激する | **eager**<br>熱心な、強い | **lonely**<br>孤独な |
| **bait**<br>餌をつける | **hook**<br>釣り針 | **dangle**<br>ぶら下げる |
| **worm**<br>虫 | **grasshopper**<br>バッタ、イナゴ | **common sense**<br>常識 |
| **suit**<br>合う | **in terms of**<br>〜の観点で | **attend**<br>出席する |
| **handle**<br>扱う | **reduction**<br>値下げ | **point of view**<br>観点 |

| angle<br>観点 | pound the pavement<br>街を歩き回る | |
| --- | --- | --- |
| discouraged<br>がっかりして | underpaid<br>不当に給料の安い | merchandise<br>商品 |
| tie up<br>結びつける | remark<br>述べる | self-expression<br>自己表現 |
| dominant<br>主要な | necessity<br>必需品 | |

### エピソード

　相手に何かをしてもらいたい時、または相手を説得する時、つい自分目線で話をしてしまいがちです。しかし、相手が欲しいものと結びつければ成功する一例として、カーネギーは、同姓のアンドリュー・カーネギーのウイットの利いたアイデアを紹介しています。

　アンドリュー・カーネギーは鉄鋼王として有名ですが、彼が、この〝相手の目線に立つ〟作戦で賭けに勝ったというエピソードです。

　エール大学に行っている2人の甥の母親、つまり、自分の妹から「息子たちに手紙を出しても全く返事をよこさない」という愚痴を聞いたアンドリュー・カーネギーは、甥たちに手紙を書かせることができるかどうか、友人と賭けをします。彼の作戦は、

・手紙には「返事を出すように」などと小言めいたことはいっさい書かない
・ただし、適当に書いた長い手紙の最後に、「p.s. 君

たち一人ひとりに５ドルずつ同封します」とさりげ
なく記しておく
・しかし、お金は同封しない

というものでした。つまり、原文【３】でいう釣
り針に「返事」ではなく、「お金」をちらつかせたの
です。
　はたして手紙を受け取ったものの、封筒の中にお金
がないのを不審に思った甥たちは、「アンドリューお
じさん、いったいどうなっているの？」と早速返事を
送ってきました。いつの時代も学生はお金に困ってい
る――そんな彼らの立場になって物事を考えた作戦に
よって、アンドリュー・カーネギーは見事、賭けに勝
ったというわけです。

　また、この法則を利用して３歳の息子の偏食をなお
すことに成功した、ある父親のケースも紹介されてい
ます。
　この男の子が、たからものの三輪車をいつも年上の
いじめっ子にとられるのを、とても悔しがっているこ
とに気がついた父親が、「食事に出されたものを全部
食べたら、体も強くなってその子に負けず、三輪車を
とられることもなくなるよ」と伝えたところ、この作
戦は見事に成功したといいます。つまり、父親が息子
に望んでいること＝何でも食べることの有用性を、息
子の視点から説明したのです。

幼い子供にはなかなか理屈が通じないので、このように その子の関心事とうまく関連させて、「ぜひやりたい」と思うようにさせた一例です。

　正論や理屈で相手に命令したり、強制したりしようとしても、物事はなかなかうまくいきません。相手の得になるようなことをはっきり見せてやる気を引き出すほうが、自分の目的を果たすことができるはずです。

　原文【8】は、多くのセールスマンがこの法則を理解していないため営業に成功していないと指摘しているのですが、カーネギーの主張はマーケティングに欠かせない「AIDMAの法則」と重なるものがあります。

　AIDMAは、Attention（注意）→ Interest（関心）→ Desire（欲求）→ Memory（記憶）→ Action（行動）の頭文字を取ったもので、アメリカのローランド・ホールが提唱した、消費者の心理的プロセス・モデルを示したものです。カーネギーの法則も、まず相手の注意をひき、関心を抱かせ、あることをしたいという欲求を持ってもらい、行動を起こさせる点で同じです。ただ、カーネギーのアドバイスは消費行動に限らず、よりいろいろな場面で通用することが、さまざまな例からわかります。

# 自分の失敗について話そう

**Talk about your own mistakes before criticizing the other person.**

相手を批判する前に、自分自身の間違いについて話す。

## 解説

　この法則は、相手の間違いを指摘したり、適切ではない言動を批判したりする前に、「自分自身も同じような間違いをしたことがある」と切り出してみることです。「間違いをしているのは、あなただけではない」と伝えることで相手の心を開き、最終的には間違いの指摘や批判を受け入れてもらうというものです。

## 原文

【1】When I wanted to call Josephine's attention to a mistake, I used to begin by saying, "You have made a mistake, Josephine, but the Lord knows, it's no worse than many I have made. ... you are better than I was at your age. ..."

（*カーネギーの姪で秘書の）ジョセフィーヌにその間違いに気づいてもらいたい時、次のような前置きを言ったものだ。「ジョセフィーヌ、君はミスをしたけれど、僕がしてきたたくさんのミスよりずっとましなのは確かだ。僕が君ぐらいの年齢だった頃とくらべると、よくやっているよ」と。

【2】It isn't nearly so difficult to listen to a recital of your own faults if the criticizer begins by humbly admitting that he, too, is far from impeccable.

　最初から「自分も完璧からはほど遠い」と謙虚に認めている人から、こちらの悪いところをあれこれ批判されても、ほとんど苦にならずに聞けるものだ。

【3】He should have begun by talking about his own shortcomings and Wilhelm's superiority.

　最初に自分自身の短所とヴィルヘルム（＊ドイツの皇帝ヴィルヘルム２世）のすばらしさを、彼（＊当時の宰相ビューロー）は話すべきだった。

【4】If a few sentences humbling oneself and praising the other party can turn a haughty, insulted Kaiser into a staunch friend, imagine what humility and praise can do for you and me in our daily contacts. Rightfully used, they will work veritable miracles in human relations.

　自分を謙遜し、相手をほめるようなことを少しでも言っておけば、高慢で「侮辱された」と思っている皇帝を忠実な友人に変えられる。それなら私たちの日常のやりとりの中で、謙遜とほめることがどれほどのことをもたらすのか、想像してみてほしい。それらを正しく使うことができれば、人間関係にまぎれもない奇跡をもたらすのだ。

| call attention<br>注意を喚起する | no worse than<br>ましである | not nearly<br>ほとんど〜ない |
|---|---|---|
| recital<br>列挙 | criticizer<br>批判する人 | humbly<br>謙虚に |
| impeccable<br>完璧な | shortcoming<br>短所 | superiority<br>優れていること |
| humble<br>謙遜する | haughty<br>高慢な | insult<br>侮辱する |
| staunch<br>信頼に足る | humility<br>謙遜 | rightfully<br>正しく |
| veritable<br>正真正銘の | miracle<br>奇跡 | |

## エピソード

　自分が上役やリーダーといった、相手より上の立場にいると、自分の弱みを見せるのを嫌ったり、「自分の欠点がバレると部下から失望されるのではないか」と心配したりする人もいますが、むしろそのことが相手の心を開く効果があることを、カーネギーは自分の経験から確信しています。**原文【1】**は、カーネギーの姪が、自分の秘書として働きだした時のエピソードです。ミスが多かったことを厳しく注意しようと思ったものの、同じ19歳の頃を振り返ったカーネギーが「自分はもっとひどかった」と告白することで、彼女は自分から気をつけるようになり、ミスが少なくなったそうです。

　また、**原文【3】**は、ドイツの皇帝ヴィルヘルム2

世の軽率な発言に対し、宰相ビューローが苦言を呈した際のエピソードです。わがままな皇帝は批判されたことに激怒したのですが、その後、ビューローが「自然科学に関しては、自分は皇帝の足元にも及ばない」と言って皇帝を持ち上げると同時に、自分の足りない部分や短所をはっきりと認めることで皇帝の機嫌を直し、さらには、自分のほうが皇帝よりも外交や政治については手腕があると認めさせることに成功したという話です。

この例が示すように、間違いだけでなく、自分の欠点や短所をはっきり話すことも、時に功を奏することがあります。

職場での会議や会合でも、すばらしい業績を出したことのある上司や会社を成功に導いた社長が同席していたりすると、部下は萎縮してしまいがちです。しかし、その席で上司や社長が失敗談を明かせば、「決して完璧な人ではないのだ」と部下は思って双方の距離が縮まる、という話はよく聞きます。

元商社マンで、自らの経験をもとにある大学で「国際学入門」などの講義をしているNさんによると、自分が成功した話をしている時は居眠りをする学生が多いけれど、自分の失敗を話している時は興味津々に耳を傾けるそうです。

カーネギーの言うように、失敗や弱みを打ち明けることが相手の共感を呼び、より親近感を感じさせることになるのでしょう。

またＮさんは、自分が学生たちに「こうあるべきだ」と諭したい時、お説教くさくならないよう、「自分はこうしないで失敗したから、こういうふうにしたほうがいい」と言うようにしているそうです。このように自分の過ちを話すことは「反面教師」としての効果もありますので、この法則の応用として「批判する前」だけではなく、「指示する前」の状況でも使えます。

## 命令する代わりに質問する

**Ask questions instead of giving direct orders.**
命令する代わりに質問する。

### 解説

　人に何かをしてもらいたい時、命令するのではなく、まず質問を投げかけて意見を聞くことで相手のやる気を引き出すという法則です。

　命令されると「押し付けられた」と感じ、「自分の意思を無視された」と思ってやる気を失うといった経験をしたことがある人は多いでしょう。その命令に従ったとしても、内心はいやいやながら、ということもあります。上の立場なのだから命令して当たり前、という〝上から目線〟でなく、相手を信頼したりその能力を買ったりして、部下に質問し意見を聞くことで、やる気を引き出すこともできます。また、相手のミスや間違いをすぐに指摘するのは簡単ですが、それでい

いと思うか、なぜ、それではいけないのか、という質問をすることで、相手に自分で考え、答えを見つけさせることができ、ひいてはそれが相手の成長につながることにもなります。

原文

【1】No one likes to take orders.

命令されるのを好きな人はいない。

【2】Owen D. Young always gave suggestions, not orders. He never said, for example, "Do this or do that," or "Don't do this or don't do that." He would say, "You might consider this," or "Do you think that would work?"

オーウェン・ヤング（＊アメリカの法律家・財政家）はいつも命令ではなく、提案していた。彼は決して「あ あしろこうしろ」「ああするなこうするな」とは言わなかった。「よく考えてみたらどうだろう」「それでうまくいくと思うかね？」とよく言っていた。

【3】He always gave a person an opportunity to do things himself; he never told his assistants to do things; he let them do them, let them learn from their mistakes.

彼は、人に、自分でやってみる機会をいつも与えていた。助手に「こうしろ」と言うことは決してなかっ

た。相手にやらせてみせ、間違いから学ぶようにさせていた。

【4】A technique like that makes it easy for a person to correct his error. A technique like that saves a man's pride and gives him a feeling of importance. It makes him want to co-operate instead of rebel.

　こういうやり方だと、相手が自分の間違いを直しやすくなる。この方法だと相手のプライドが保たれ、重要感を持ってもらえる。反抗のかわりに協力をしてくれるようになる。

### 語句

| | | |
|---|---|---|
| **instead of**<br>〜のかわりに | **direct**<br>直接の | **order**<br>命令 |
| **work**<br>うまくいく | **opportunity**<br>機会 | **assistant**<br>助手 |
| **correct**<br>直す | **save**<br>守る | **co-operate**<br>協力する |
| **rebel**<br>反抗 | | |

### エピソード

　この方法はいわゆるトップダウンではなく、ボトムアップの意思決定の仕方と共通するものがあります。1911年に人類初となる南極点到達に成功したノルウェーのロアール・アムンゼン（1872-1928）は、隊員に

対してトップダウンとボトムアップの両方を上手に使い分け、計画や装備に関するアイデアなどは徹底的に、隊員に意見を求めました。

　片や、彼と競いあって敗れたイギリスのロバート・スコット（1868-1912）は軍人出身ということもあり、ほとんどがトップダウンによる意思決定だったそうです。そのことがチームワークや隊員の士気に影響して、探検の成否を左右したのかもしれません。

　スティーブ・ジョブズも、事を始めるにあたってはまず意見を求めたといわれています。休みでも夜中でも、思いつくと即、メンバーを呼び出して話しあうこともあったそうですが、みなに積極的に質問して、意見を求めるのが彼のリーダーシップのスタイルでした。

---

### 法則14
# 相手への期待を示す
**Give a man a fine reputation to live up to.**
**相手が、応えたくなるような評価をする。**

---

### 解説

　この法則の効果は、相手に期待していること、または相手ができそうなことを先に示して、「よし、やってみよう」というやる気を起こさせることです。人は、相手に期待を示されるとうれしくなり、がっかりされないよう期待に応えようと努力するものです。

　ポイントは、相手が全くできないようなことでな

く、少し頑張ればできること、あるいは、できるはず
なのにしていないことを摑んでから、「君ならできる
と信じている」という信頼感を見せることで、相手の
モチベーションを刺激するというものです。

　この法則は、怠慢やヤル気のなさから仕事がお粗末
になっている人に、それをあらためさせるとともに、
間接的な指示を出す際にも使えるとカーネギーは説明
しています。

### 原文

【1】Give him a fine reputation to live up to, and he
will make prodigious efforts rather than see you
disillusioned.

　その人が応えたくなるような、良い評価を与えなさ
い。そうすれば、あなたを幻滅させないよう努力を惜
しみなくするだろう。

【2】The average man ... can be led readily if you have
his respect and if you show him that you respect him
for some kind of ability.

　あなたがその人から尊敬されていて、あなたもその
人のある種の能力を尊敬していることを示せば、たい
ていの人はこちらが思うように動いてくれる。

【3】In short, if you want to improve a person in a
certain respect, act as though that particular trait

were already one of his outstanding characteristics.

　簡潔に言うと、人にある面を直してもらいたければ、そうなってほしいことがもうすでに彼のすぐれた特徴の一部になっているかのようにふるまうことだ。


【4】"Marie, you do not know what treasures are within you." ... A small phrase had changed her entire life.

　「マリー、あなたって自分の中にある宝物がわかっていないわね」このちょっとした言葉が彼女の人生を根底から変えた。


【5】The Exchange Buffets have never handed a customer a check. As you leave, you simply tell the cashier what you owe—and that's what you pay. ... The Exchange Buffets let everyone know that they feel he is honest; so everyone—rich man, poor man, beggar man, thief—everyone lives up to the reputation of honesty that is bestowed upon him.

　エクスチェンジビュッフェ（＊お客が自己申告で代金を支払うシステムをとっているレストランの名前）は客に伝票を渡していない。店を出る時に、ただレジ係に自分が支払う金額を言うだけ―― そして、それが客の代金になる。店側は、客が正直なはずだと感じていることを、みんなにわかってもらうようにした。だから客全員――お金持ちも貧乏人も乞食も泥棒も――が、正直

だと思われているという期待を裏切らないようにして
いるのだ。

## 語句

| | | |
|---|---|---|
| fine<br>良い | reputation<br>評判、評価 | live up to<br>応える |
| prodigious<br>驚異的な | effort<br>努力 | disillusioned<br>幻滅した |
| average<br>ふつうの | readily<br>快く、すすんで | respect<br>尊敬(する) |
| in short<br>要するに | improve<br>改善する | |
| in a certain respect<br>ある点で | | particular<br>特定の |
| trait<br>特徴 | outstanding<br>目立つ、すぐれた | characteristics<br>特質 |
| treasure<br>宝物 | entire<br>全体の | check<br>伝票 |
| cashier<br>レジ係 | owe<br>支払う義務がある | beggar<br>物乞い、貧乏人 |
| thief<br>泥棒 | honesty<br>正直 | bestow<br>与える |

## エピソード

　人に期待を示されたりさらに自分に頼っていると言われたりすると、うれしくなってその思いに応えたくなります。また、自分が気づいていないことでも、相手がそういうふうに思ってくれているとわかると、そのようにしたくなるものです。

以前、ある学生から、スピーチの前に「人前で話す時はいつも緊張してうまく話せない」と相談されたことがありました。「ディスカッションで意見を言っている時は笑顔で自然に話しているので、スピーチでも大丈夫。あなたならきっとうまく話せると思う。楽しみにしているわ」と私なりの"fine reputation"を伝えました。そして彼は実際、無難にスピーチをこなし、「あの時、先生がそういうふうに言ってくれたので何となくできるような気になり、がんばってみようと思いました」と報告してくれました。

　この法則は、〝教師期待効果〟ともいわれるピグマリオン効果のことを思い起こさせます。他者から期待されることで学習や作業などの成果を出すことができる効果のことです。アメリカの心理学者ローゼンタールが、教師からの期待があるかないかによって生徒の学習成績が左右されるという実験結果を報告したことが始まりでした。この実験は1963年に行われたものですが、カーネギーはその25年以上も前に、このような効果を確信していたということになります。

　さらに時代を遡ると、幕末の日本で若者たちに思想的影響を与え、明治維新で活躍する重要な人材を数多く輩出した吉田松陰の松下村塾が思い起こされます。松陰はある日、入塾してきた自信なさげでおどおどした少年を「君は将来性がある。いずれ大政治家になる」と励ましています。この少年こそ、のちに初代内閣総理大臣となった伊藤博文でした。まさにカーネギ

一の法則のように、松陰は"fine reputation"を与えたのです。そういうふうに言われた博文少年はうれしくなり、その期待に応えるべく努力と勉強を重ねて成長し、ついに首相にまでなったというわけです。

<br>

| 法則15 |
| --- |

# 相手を励ます

**Use encouragement. Make the fault seem easy to correct.**
相手を励ます。欠点を直すのが、簡単だと思えるようにする。

### 解説

　人は、何かを習っている時や新しいことに取り組んでいる時、できないところや間違っている点ばかりを指摘されると無力感に襲われ、「とてもじゃないが、自分にはできない」と思って投げ出したくなることがあります。

　でも、「そんなに難しいことではない」と思わせ、「自分でもできそうだ」と希望を持たせることが、上手な励まし方だと言えます。相手を変えたいのならプレッシャーを与えるより、相手がやる気になるような、前向きな励まし方のほうがより効果があるのです。

　たとえば、あることを習い始めた初心者には完璧さを求めず、どんなに下手でも、間違いが多くても、あたたかい目線で何か良いところを見つけてほめてあげることが、「あきらめないで練習し続けよう」という気にさせるとカーネギーは説明しています。励まし方

の工夫次第で、相手のモチベーションの上がり方に大きな差がでます。

**原文**

【1】The first teacher had discouraged me by emphasizing my mistakes. This new teacher did the opposite. She kept praising the things I did right and minimizing my errors. ... That encouraged me. That gave me hope. That made me want to improve.

最初の先生は私の間違いばかりを強調するので、がっかりさせられました。今度の新しい先生のやりかたは反対だったのです。私がちゃんとできたことを毎回ほめ、間違いの指摘は最小限に抑えてくれました。それが私を励ましてくれたのです。私に希望を与えてくれたのです。上手になりたいと思わせてくれたのです。

【2】Make the thing seem easy to do; let the other person know that you have faith in his ability to do it, ...

「簡単にできる」と思わせることだ。「きっとできる」とあなたが相手を信じているとわかってもらうことだ。

【3】She ... persuaded him that he was a potential genius at the card table.

彼女は「あなたはカードゲームの天才かもしれない」と彼に思い込ませようとした。

| **encouragement**<br>励まし | **fault**<br>間違い | **correct**<br>直す |
| --- | --- | --- |
| **discourage**<br>がっかりさせる | **emphasize**<br>強調する | **opposite**<br>逆 |
| **minimize**<br>最小にする | **encourage**<br>励ます | **improve**<br>改善する |
| **faith**<br>信頼 | **persuade**<br>説得する | **potential**<br>可能性のある |
| **genius**<br>天才 | | |

**エピソード**

原文【1】でカーネギーは、彼の友人にダンスを教えた、対照的な二人の先生を例にあげています。最初の先生には「間違えてばかりで、教えたことをすぐに忘れる」と言われ続け、それは正しい指摘ではあったものの、友人はすっかりやる気を失い、そのクラスをやめてしまいました。その先生は間違いを強調するあまり、友人のやる気を奪ってしまったのです。

しかし、次の先生は正反対で、間違いはほとんど指摘せず、彼のダンスをほめ続けてくれました。「あなたって生まれながらにダンスの才能があるわね」と言われた彼はうれしくなってその気になり、「もっと上達しよう」という意欲がわいてきました。つまり、「自分でもうまくなれる」という「希望」を持てるよう、先生は励ましたのです。この先生は「のせ上手」とも言えるでしょう。

教師が教える過程で「生徒のために間違いを直さなければいけない」と思うのは、ある意味、当然ではあります。しかし、そのことで全く興味を失わせてしまっては元も子もないので、モチベーションとの兼ね合いを考える必要があります。上司が部下に対する場合、先輩が後輩に対する場合も同様だと思いますが、教師をしている私も、この永遠の課題にはいつも試行錯誤しながら、できるだけ学生を励ますよう心掛けています。

　原文【3】の例は面白い励まし方ですが、アメリカのブリッジ（カードゲーム）の名手エリー・カルバートソンが伸び悩んでいた時、ブリッジの師でもある妻に言われた言葉です。"You are a genius." と言うと事実ではなく、お世辞になってしまいます。しかし、ある意味、誰でも天才になる可能性は秘めているわけで、"You are a potential genius." ならば「ひょっとしたら天才かもしれない」という意味になるのでウソにはならず、しかも相手をやる気にさせる、しゃれた励まし言葉です。

　日本では、励ますというと「がんばって」が一般的ですが、英語で励ます時に "Work hard." というフレーズは使われません。それよりも "(I wish you) Good luck!" がとてもよく使われます。「幸運をお祈りしていますよ」という、まさに相手が希望を持てる、あたたかい励まし表現だと言えるでしょう。

# こちらの提案を魅力的に見せる

**Make the other person happy about doing the thing you suggest.**

自分が提案したことを、相手が喜んでするように仕向ける。

## 解説

相手にある物を買わせたいと思った時は押し付けたり強制したりするのではなく、「それを買いたい」と自ら思ってもらうことが必要です。そのためには、相手にとって「こんな良いことがある」と具体的にわかりやすく示すことができれば、喜んで買ってもらうことができます。

またカーネギーはこの法則の応用として、部下に役職や肩書を与えることでやる気を引き出した例を紹介しています。たとえ小さな役割でも、肩書がその人に責任感を持たせ、やる気を起こさせ、前向きに仕事に取り組むようになることもあるのです。

このように、"happy"と受け取ってもらうためには、相手によってさまざまなやりかたがあります。

## 原文

【1】Woodrow Wilson had a delightful way of putting things; he created the impression that by accepting this great honor I would be doing him a favor.

ウッドロウ・ウィルソン（＊第28代米大統領）は物事のまとめ方がすばらしかった。こちらが名誉ある役を

いただけるのに、まるで私のほうが彼のお願いを聞いてあげたかのような印象を与えるのだ。

【2】He was no longer a repair man to be ordered about by every Tom, Dick, and Harry. He was now the manager of a department. He had dignity, recognition, a feeling of importance. He worked happily and without complaint.

もはや彼はそこらへんの人から依頼される、ただの修理工ではなかった。今や、ある部門の部長だった。権威を持ち、みなに認識され、自分自身が重要だと感じていた。満足して仕事をし、不平を言うことはなかった。

【3】This technique of giving titles and authority worked for Napoleon and it will work for you.

ナポレオンが肩書や権限を与えて相手の心を摑んだこのテクニックは、あなたにも役立つはずである。

## 語句

| delightful | honor | favor |
|---|---|---|
| 楽しい | 名誉 | 親切な行為 |
| repair man | Tom, Dick, and Harry | |
| 修理屋 | 一般の人　誰でも彼でも | |
| manager | department | dignity |
| 部長 | 部門 | 威厳 |

| recognition | complaint | title |
|---|---|---|
| 認識 | 不満 | 肩書 |

| authority | | |
|---|---|---|
| 権威 | | |

**エピソード**

カーネギーはナポレオンの言葉、「人はおもちゃによって支配される」（Men are ruled by toys.）を紹介しています。兵士たちに勲章をばらまいたり、自分の軍隊の大将にむやみに元帥の称号を与えたりしたことで、「戦争を戦い抜いてきた兵士たちに〝おもちゃ〟を与えた」と批判された時、ナポレオンが返した言葉です。

おもちゃというのは皮肉の込められた表現ですが、他人にしてみればおもちゃのように子供だましに思えても、その人がもらってうれしいものを与えられて"happy"になり、仕事や要求に前向きに取り組んでくれれば御の字、とナポレオンも人の心を読んでいたということです。

**原文**【2】は、同じ内容の仕事でも、肩書を与えられる前と後では満足感や達成感に大きな違いが出るという例ですが、それを裏付ける調査があります。

アメリカの給与コンサルティング企業パール・メイヤーが2018年に実施した調査によると、アメリカ企業の40％が採用候補者を惹きつけるために肩書を利用しており、この割合は2009年調査の31％から上昇しているそうです。同社のバイスプレジデントが「肩書に

よって企業は、その社員がいかに影響力があるか、または重要な存在であるかをほかの社員に示すことができます」と語っているように、肩書が社員のモチベーションに大きく影響することがわかります。

<br>

法則17
## 相手の高い志を刺激する
Appeal to the nobler motives.
より崇高な動機に働きかける。

### 解説

人を説得する時、こちらのホンネより相手の理想論に訴えるような理由、相手のプライドを満足させるような理由を示すことが功を奏する場合があります。そういう相手の心を摑むような動機や理由を示すことも、人を動かすコツです。ある意味、相手の自尊心をくすぐる作戦です。

法則7 「相手の観点から物事を見よう」と重なる部分もありますが、相手の関心事、そして何に満足したいのかを理解しておく必要があります。相手の目線で考え、相手が「そうなりたい」と考えているであろう理想のイメージを摑み、それにアピールすることが効果的です。

### 原文

【1】All of us, being idealists at heart, like to think of

the motives that sound good. So, in order to change people, appeal to the nobler motives.

　私たちはみな、気持ちの上では理想主義者であって、聞こえの良い動機を好む。それゆえに人を変えるには、より崇高な動機に訴えかけることだ。

【2】The fact is that every man you meet—even the man you see in the mirror—has a high regard for himself, and likes to be fine and unselfish in his own estimation.

　実際には、あなたのまわりの誰でも、そしてあなた自身でさえも自分を高く評価していて、自分自身は公平で、無欲だとみなしたいものだ。

【3】I appealed to the nobler motives. ... I said, ... "And now, because you are fair-minded and patient, I am going to ask you to do something for me. It's something that you can do better than anyone else, something you know more about than anyone else."

　私はより崇高な動機に働きかけた。そして次のように言った。「さて、あなたは公平で、忍耐強くていらっしゃるので、あることをお願いしたいのです。それは、他の誰よりもあなたがすぐれていらっしゃることで、他の誰よりもよくご存知のことなんです」と。

【4】I am convinced that the individual who is inclined

to chisel will in most cases react favorably if you make him feel that you consider him honest, upright, and fair.

　ずるをしようとしている人は、「正直で、清廉潔白で、公平な人だと他から思われている」と感じさせると、大体の場合、きっと好意的に応じてくれるものだ。

## 語句

| | | |
|---|---|---|
| **appeal**<br>訴える | **noble**<br>崇高な | **motive**<br>動機 |
| **idealist**<br>理想主義者 | **regard**<br>尊敬 | **unselfish**<br>利己的ではない |
| **estimation**<br>評価 | **fair-minded**<br>公平な | **patient**<br>忍耐強い |
| **convinced**<br>確信して | **individual**<br>個人 | **inclined**<br>〜の傾向がある |
| **chisel**<br>だます | **favorably**<br>好意的に | **upright**<br>清廉潔白な |
| **fair**<br>公正な | | |

## エピソード

　修理代の請求書に間違いがあるとして支払いを拒否した顧客に対し、最終的に払ってもらうことができた自動車会社の社員の経験談を、カーネギーは紹介しています。

　彼によれば、その顧客こそが自分たちよりも自分の車のことをよく知っているとした上で、こう申し出た

そうです。

「お客様の、公正で寛容なお人柄に感服しましたので、我が社の社長になったつもりでこの請求書を訂正していただけないでしょうか。私どもは、その訂正どおりに処理いたしますので」

相手に「公正だ」と認められたからには、「その通りにしないといけない」と思ったのでしょう。この顧客は、最初の請求額を全額払ったということです。このように、相手に信頼を寄せられ、正直で公正な人だと扱われると、人はなかなか不正を働くことができないという一例です。

スティーブ・ジョブズは生前、数々の名言を残していますが、12年ぶりにアップルの取締役に返り咲いた際、当時ペプシコの社長を務めていたジョン・スカリーをアップルの社長に誘うために言った言葉は今でも語り草です。相手はジョブズより16歳も年上ですが、18ヵ月の交渉の末、こう言って口説いたのです。

「残りの一生、砂糖水を売って過ごしたいですか、それとも世界を変えるチャンスを手にしたいですか」

まさにカーネギーの言う、より崇高な動機を示して相手の理想論に訴え、自分の誘いに応じてもらうことができたと言えます。

# チャレンジ精神を刺激する

**Throw down a challenge.**
課題を投げかける。

### 解説

　ここでの "challenge" は単なる仕事ではなく、難しいゆえにやりがいのある課題、競争心や負けず嫌いの気持ちを刺激するような課題のことです。

　カーネギーは人間がみな持っている、「人よりすぐれたい」という競争意識を刺激することで、「難しい仕事、または気の進まないことにもやる気を起こすことができる」としています。それはいわばゲームのようなもので、「勝ちたい」という競争心を刺激することによって、相手の力を引き出すことができるといいます。

　あえて難しい課題を与えて、「自分ならもっとうまくやってみせる」「あの人には負けない」と競争心をかきたてれば、よりよい結果が生み出されるというわけです。

　そして、大変な課題にチャレンジしたいと思うのは、カーネギーのキーワードの「重要感」を得たいという願いの表れでもあります。

　これがあるからこそ、人はより上をめざして向上していくのです。その結果、人類も進歩することになります。

【1】The way to get things done is to stimulate competition. I do not mean in a sordid, money-getting way, but in the desire to excel.

　物事をうまく運ぶには、競争心を刺激することである。あさましい金儲けのことではなく、「他人より秀でたい」という競争心のことである。

【2】The desire to excel! The challenge! Throwing down the gauntlet! An infallible way of appealing to men of spirit.

　秀でたいという欲求！　チャレンジ！　戦いを挑むこと！　気骨ある人にアピールする絶対に確実な方法だ。

【3】Without a challenge, Theodore Roosevelt would never have been President of the United States. ... A challenge not only changed his life; it had a real effect upon the history of this nation.

　チャレンジ精神がなかったら、セオドア・ルーズベルトは決してアメリカ大統領にはならなかっただろう。チャレンジ精神は彼の人生を変えただけではない。この国の歴史に多大な影響を与えたのだ。

【4】That is what every successful man loves: the game. The chance for self-expression. The chance to prove his worth, to excel, to win.

成功したすべての人が好きなもの——それはゲーム
だ。自己表現の機会。自分の価値を証明し、他人より
すぐれ、そして勝利する機会だ。

## 語句

| throw down | challenge | stimulate |
|---|---|---|
| 投げかける | 挑戦 | 刺激する |
| competition | sordid | desire |
| 競争 | あさましい | 望み |
| excel | throw down the gauntlet | |
| 秀でる | 挑戦する<br>（gauntletは中世の騎士の籠手<sub>こて</sub>のこと） | |
| infallible | spirit | effect |
| 絶対に正しい | 精神 | 影響 |
| nation | prove | worth |
| 国家 | 証明する | 価値 |

## エピソード

　カーネギーの言うように、世の中の成功者を見ると
確かに負けず嫌いの人が多いですが、特に最近の起業
家、いわゆる"entrepreneur"で成功した人の多くが、
チャレンジ精神に溢れています。たとえ困難なことで
も、人がやっていないことを自分が初めて試すことは
大いに自尊心を刺激し、それが達成された暁に持つこ
とができる重要感の大きさには、相当なものがあるで
しょう。
　マイクロソフトの創業者ビル・ゲイツの次の言葉は、
彼のチャレンジ精神を表しています。

Most of the progress of human history, it has been accomplished by people who did not accept the impossible.（人類史上の進歩のほとんどは、不可能を受け入れなかった人々によって達成された）

　また、電気自動車のテスラの共同設立者およびCEOで、「人類の火星移住を実現させる」という壮大な夢を抱いて宇宙事業も手掛けるイーロン・マスクは、リスクにも果敢に挑み、常に挑戦しつづけているチャレンジャーです。地球温暖化という全世界的な深刻な問題、でも誰かが取り組まなければならない難題の解決にあえて挑戦し、電気自動車を使えば二酸化炭素の排出が減って温暖化が抑えられる、ということでテスラを始めたのです。その彼の挑戦者魂を表しているのが次の発言です。

If something is important enough, even if the odds are against you, you should still do it.（あなたにとって十分に重要なことなら、成功する確率が低くてもやってみるべきだ）

　彼は単なる金儲けだけではなく、「地球温暖化を抑える」という人類のための目的を掲げており、 法則17 で言われている「高い志」も連想させます。

　フェイスブック創業者のマーク・ザッカーバーグも自他ともに認める負けず嫌いで知られています。共同創業者のクリス・ヒューズは、フェイスブックが巨大

な企業に成長した原動力について、「ザッカーバーグの競争心と独占欲にあった」と指摘しています。彼のチャレンジ精神をよく表す言葉として、次のものがあります。

The biggest risk is not taking any risk.（リスクをとらないことが最大のリスクである）

　ちなみに彼は、ある授賞式の席で聴衆を前に「僕は負けず嫌いな性格だから（おむつ交換でも）時間短縮に挑戦し、20秒でできるようになった」と話したそうです。たとえ小さなことでも"challenge"として捉え、よりうまくできるように工夫することで、楽しみながらできる、ということです。彼のこのような"challenge"精神が、フェイスブックの成功のひとつの要因だったと言えるでしょう。

## 第3章のポイント

質問し、期待を示して、相手の意欲を刺激し、励ますことで、やる気を引き出しましょう。

## コラム3 英語での励まし方とよく使われるフレーズ

法則15 でもふれたように、英語の励まし方はその文化的背景の違いから日本語の励まし方とは異なります。言語はそれを使う人の価値観や思考を反映するものなので、英語の励まし方にも英語のネイティブスピーカーのメンタリティーが見え隠れします。私がアメリカ生活を経験した中で、英語（特にアメリカ英語）の励まし方の特徴は以下の3つと言えます。

### ①「がんばる」ことを強要しない

日本の社会では古くから、「がんばる」「努力する」「向上心を持つ」などが美徳とされてきたこともあり、日本語の励ましフレーズとして一番使われるのが「がんばって！」「がんばれ！」です。

しかし、英語のネイティブスピーカーに励ますつもりで"Work hard!"と言っても、相手は励まされた感じがせず、うれしいとは思わないかもしれません。欧米では「がんばる」ことはあまり重要な概念ではないからです。このことで、コミュニケーションの行き違いが起きることもあります。

英語では相手に強要するのではなく、「うまくいくように！」という "Good luck!" が最も一般的です。

また、私が大学院に入って間もない頃、図書館で夜遅くまで課題のレポートに取り組んでいた時、一足先に帰る友人が私に "Don't work too hard!"（がんばり

すぎないで）と声をかけてきました。

　日本の「がんばって！」（Work hard!）とは正反対の表現が新鮮に感じられました。

## ②どんな状況でも楽しもうとする

　やはり大学院時代、大学講師の就職の面接を控えて緊張していた私に友人がかけてくれた言葉が "Enjoy!" "Have fun!"（楽しんで！）でした。「プレッシャーの中で楽しむなんてムリ！」とは思ったものの、それは「どんな大変な状況でも楽しもう」「何でも楽しんでしまおう」という、アメリカ人特有の前向きな生き方を示しているものだと気がつきました。緊張している人には「がんばれ！」よりもリラックスさせてあげる効果があると言えます。

## ③結果だけでなく、その過程を見る

　アメリカで子供たちによくかけられている励ましフレーズに、"Good try!" があります。野球の試合で三振に終わった子、テストで満点ではなくても前回より高得点だった子、手を挙げて勇んで答えたけれど間違っていた子……そんな子供たちはこの言葉を聞くとぱっと顔が輝きました。結果はだめだったけれどtryしたことに意味があるとほめ、それまでの過程を労うすばらしい "appreciation" です。失敗してもカーネギーのいう「重要感」を持つことができる、励ましの言葉です。もちろんこの言葉は、大人にもあたたかい励

ましの言葉として有効です。


【その他、英語でよく使われる励ましフレーズ】

＊Everything will be all right.　うまくいきますよ。

＊Don't worry. / No worry.　心配しないで大丈夫。

＊Take it easy.　気楽にやったら。

＊Cheer up.　元気をだしてね。

＊It's not your fault.　あなたのせいではない。

＊It's not the end of the world.
　世界が終わったわけではないから。

＊That's life.　人生、そんなものですよ。

＊That's the way the cookie crumbles.
　そんなものです。／よくあることですよ。
　（文の意味は「クッキーはそういうふうに割れるもの」という
ことで、そんなものです、というニュアンスで慰める言い方で
す。クッキーを使っているのがアメリカ英語的です）

＊I'll keep my fingers crossed for you.
　うまくいきますように。／成功を祈っています。
　（アメリカで昔から使われている興味深い表現です。fingers
crossed は中指と人差し指を交差させるジェスチャーで十字架
を表すことから、「幸運を祈る」意味になります。そのジェス
チャーをしながらこのフレーズを言う人もいます）


　このように英語には、カーネギーの言う"hope"を
与えるあたたかい励ましの表現がたくさんあります。

# 第４章

# 相手に納得してもらう
# ための法則

⇒相手を説得するには、まず言いたいことをじっくり
聞いて相手の心を開き、そのことに納得してもらい、
最後には「それをやりたい」という気持ちになっても
らうことが必要です。

# 聞き上手になろう

**Be a good listener. Encourage others to talk about themselves.**
聞き上手になる。相手に自分自身のことを話すように仕向ける。

### 解説

〝会話の上手な人〟といえば、話題が面白かったり流暢に話をしたりする人を思い浮かべがちですが、カーネギーによれば〝聞き上手な人〟こそが〝会話の上手な人〟だそうです。

効果的な聞き方とは「相手の言うことに集中し、耳を傾けること」で、その傾聴力のある人、もっぱら相手に話をさせる人が、本当の〝会話の上手な人〟だと解説しています。

「自分のことを話したい」と思っている人は多く、その話をしっかり聞いてあげることで、相手に「重要感」を持ってもらうことができます。そのことがビジネスの場でも、家庭内でも、問題を解決することにつなげられるというのです。

中には相手に不平不満や文句、苦情を言うことで優位性を示し、重要感を持とうとする人もいますが、132ページの 原文【6】 に紹介されているように、それでは真の重要感を得ることはできません。

結局、自分の話を最後まで忍耐強く聞いてもらうことで、真の重要感を持つことができるとしています。

【1】I had him thinking of me as a good conversationalist when, in reality, I had been merely a good listener and encouraged him to talk.

　私のことを会話の上手な人と彼に思わせたのは、実際、私がじっくり聞いてあげて、彼にもっぱら話させたからなのだ。

【2】If you aspire to be a good conversationalist, be an attentive listener. ... Ask questions that the other man will enjoy answering. Encourage him to talk about himself and his accomplishments.

　もし、会話が上手な人になりたければ、相手の話を注意深く聞くことだ。相手が楽しんで答えたくなる質問をしてみよう。彼のことやそのやりとげたことについて、どんどん話してもらうようにするのだ。

【3】All she wanted was an interested listener, so she could expand her ego and tell about where she had been.

　彼女が求めていたのは、ただ興味を持って自分の話を聞いてくれる人だったので、自分がどこに旅行していたのかを話すことができ、自尊心を満足させることができたのだ。

【4】Remember that the man you are talking to is a

hundred times more interested in himself and his wants and his problems than he is in you and your problems.

あなたが話している相手は、あなたやあなたの問題に示す興味の100倍も、自分自身や自分の望みと問題に関心があるということを覚えておこう。

【5】Exclusive attention to the person who is speaking to you is very important. Nothing else is so flattering as that.

話している人にだけ注意を向けることが、とても重要である。そのことほど話し手を喜ばせるものはない。

【6】What he wanted was a feeling of importance. He got this feeling of importance at first by kicking and complaining. But as soon as he got his feeling of importance from a representative of the company, his imagined grievances vanished into thin air.

彼が欲しかったのは重要感だったのだ。最初は抗議や苦情を言うことで、重要感を感じていた（＊しかしそれは本当の重要感ではなかった）。でも、その担当者が聞いてくれたおかげで、重要感を持ったとたん、思い込んでいた彼の不平不満は跡形もなく消えてしまったのだ。

【7】I listened patiently to all he had to say. I was tempted to interrupt, but I realized that would be bad policy. So I let him talk himself out. When he finally simmered down and got in a receptive mood, I said quietly: 'I want to thank you for coming to Chicago to tell me about this. You have done me a great favor ... ' That was the last thing in the world he expected me to say.

　彼が言いたいことを、じっと辛抱強く聞きました。途中で口を挟みたかったけれど、それはまずいとわかったので、彼に話し尽くすようにさせました。とうとう彼の気持ちが落ち着いて、心を開くようになった時、「この件でシカゴまで来てくださってありがとうございます。私どもに大変力を貸してくださいました」と静かにお礼を言いました。彼はまさかお礼を言われるとは思ってもいなかったのです。

## 語句

| encourage | conversationalist | in reality |
|---|---|---|
| ～するよう励ます、仕向ける | 話し上手な人 | 実際に |
| merely | aspire | attentive |
| 単に | 熱望する | よく気を配る、注意深い |
| accomplishment | expand | ego |
| 業績、達成 | 拡大する | 自尊心、自我 |
| exclusive | attention | flatter |
| それだけに向けられる | 注意 | お世辞を言う |
| kick | complain | representative |
| 激しく反対する | 不平を言う | 担当者 |

| grievance | vanish into thin air | |
| :-: | :-: | :-: |
| 不満 | 跡形もなく消える | |
| patiently | be tempted to | interrupt |
| 忍耐強く | 〜したくなる | 口をはさむ |
| simmer down | receptive | mood |
| 落ち着く | 受け入れる | 気分 |
| quietly | favor | the last thing |
| 静かに | 好意 | 最もしそうにない |
| expect | | |
| 期待する | | |

### エピソード

　苦情処理では、文句を言ってきた相手を何とか説き伏せようとあらかじめ理由をいくつも用意して説明するのが常ですが、カスタマーサービスの担当者が自分からはほとんど何も話さず、相手の言い分を根気強く徹底的に聞き、終始聞き役に徹することで相手を納得させる企業もあります。

　原文【6】と【7】に登場する〝彼〟とは、「請求書が間違っている」と激怒して店側に抗議してきた客です。何人ものカスタマー担当が入れ替わり、「その請求書は正しい」と説得を重ねたのですが効果はなく、彼の怒りを増幅させただけでした。

　しかし、最後に対応したカスタマー担当はとにかく相手に言いたいことを全部話させ、いっさい口を挟まず、相手の言った内容に間違いがあっても訂正したりしませんでした。ただ、じっと耳を傾け、口にしたのは「はい」「ええ」のみ。彼の憤りに同情を見せたり

もしました。4回面会し、ときには3時間近く対応したこともありました。

　するとついにこの客は納得し、請求書通りにちゃんと金額を支払い、問題は解決したのです。この客が本当に望んでいたのは、自分の主張を最初から最後まで聞いてもらうことであり、自分の重要性を確認したかったことだと、カーネギーは分析しています。

　またカーネギーによると、効果的な聞き方とは話し手だけに注意を払い、集中して耳を傾けることであるとしています。ただし、ひたすら黙って聞いていればいいのかというとそうではなく、聞くのはひとつの行動でもあると主張しています。

　それは、現代カウンセリングの礎を築いた米国の臨床心理学者カール・ロジャーズが唱えた、「Active Listening」（積極的傾聴）と共通しているものがあります。

　成功するための習慣をまとめた前出『7つの習慣』の著者スティーブン・コヴィーも、相手に共感して聞くこと（emphatic listening）をすすめていますが、これもカーネギーの提唱する、重要感を持ってもらう聞き方と重なっています。

　『もし高校野球の女子マネージャーがドラッカーの『マネジメント』を読んだら』の著者、岩崎夏海氏もカーネギーの『人を動かす』を読み、とりわけこの「聞き上手になりなさい」に深く影響を受けたそうです。このアドバイスに出会ってから他人の話を親身に聞くようにし、相手の立場に立ってその気持ちを理解

する努力を重ねたところ、いつの間にかみながまわり
に集まってくるようになり、今まで苦手だった人間関
係が円滑になったそうです。

## コラム4 聞き上手な人がしていること

　カーネギーが提案していることや実際に聞き上手な
人の事例から、効果的な聞き方をまとめてみました。


＊笑顔を絶やさず、硬い表情は避ける

＊相手の目を見て聞く

＊あいづちをうつ

＊話し手がもっと話したくなる質問をする

＊タイミングよく短いリアクションをする

　　　— 同意、驚き、同情、共感などを示す

　　　—「へぇー」「本当？」「そうなんだ」「なるほど」

　　　　「わかります」「大変ですね」などを使う

＊相手の言ったことを繰り返してみる（相手が「納得で
　きません」と言ったら、「納得できないんですね」と言う）

＊途中でさえぎらない

＊最後まで聞く（忍耐が必要）

＊相手の立場になって聞く

＊否定したり判断したりするようなことは言わない

＊集中して聞く

　　　— 自分がその時、何かしていたら、いったん手
　　　　を止めて聞く

　　　— ながら聞きをしない（スマホをいじる、他の人と
　　　　話す、よそ見をする、時計を見るなど）

# 相手の興味のある目線で話す

**Talk in terms of the other man's interests.**
相手が興味のある観点から話す。

## 解説

「相手の関心は何か」「相手の求めている利益は何か」ということを常に念頭に置いて話すことが大事です。自分の目線からだけ話しても、相手は聞く耳を持ってくれません。人はつい、自分の価値観や経験に基づいて意見を押し付けがちです。しかし、相手の立場に立ち、相手の興味をひきつけるようなことを持ち出してアプローチすると、うまくいくことがあるとカーネギーは主張しています。この法則は、第3章の 法則11 「「ぜひやりたい」と思わせる」でも、ひとつの作戦としてとりあげられていて、いわば繰り返しなのですが、カーネギーはそれほどまでに、これが円滑な人間関係の重要ポイントだと考えているということです。

## 原文

【1】Roosevelt knew, as all leaders know, that the royal road to a man's heart is to talk to him about the things he treasures most.

（＊セオドア）ルーズベルトはすべてのリーダーと同じく、人の心を摑む王道が「その人が最も大切にしていることについて話すことである」ということを知っていた。

【2】I decided to find out what interested this man—what caught his enthusiasm. ... So when I saw him the next day, I began talking about the Greeters. What a response I got. What a response! He talked to me for half an hour about the Greeters, ... In the meantime, I had said nothing about bread. But a few days later, the steward of his hotel phoned me to come over with samples and prices.

　この人が興味を持っているもの、情熱を傾けているものを見つけようと決心したのです。そして翌日会いに行った時、"Greeters"（＊彼の一大関心事のホテル協会のこと）のことから話し始めました。その時の彼のリアクションときたら。大変なリアクションでした！　それから彼は30分も"Greeters"のことを話し続けました。その間、結局、私は（＊売り込もうとしている）パンのことには全くふれませんでした。しかし数日後、ホテルの給仕長から電話があり、サンプルと価格表を持ってくるようにと言われたのです。


【3】I'd still be drumming at him if I hadn't finally taken the trouble to find out what he was interested in, and what he enjoyed talking about.

　もし、彼の興味のあること、話したがっていることをあえて見つけようとしなかったら、いまだに彼にうるさく頼み続けていたでしょう。

| | | |
|---|---|---|
| **in terms of**<br>〜の観点で | **royal road**<br>王道 | **treasure**<br>大切にする |
| **find out**<br>見つけだす、わかる | **enthusiasm**<br>熱中、熱心 | **response**<br>反応 |
| **in the meantime**<br>その間 | **steward**<br>執事、給仕長 | **phone**<br>電話をかける |
| **drum**<br>たたく | **take the trouble to**<br>あえて〜する | |

**エピソード**

　カーネギーは 原文【2】【3】で、ニューヨークの有名ホテルにパンを売り込むことに成功したデュベルノイ氏の例を紹介しています。4年間も毎週通い続けてもだめだったのに、うまくいったのは、その担当部長が興味を持っているもの、情熱を傾けているものを見つけたからでした。その部長が会長職にあり、情熱を注いでいるホテル協会のことを話題に持ち出したとたん、話がトントン拍子に進んだのです。

　このように、交渉に直接関係のないことでも、相手にとって非常に興味のあることを話題に出すと話のきっかけができ、その場の雰囲気も良くなってきて相手の気持ちが前向きになることがあります。

　英語では世間話や雑談のことを"small talk"と言いますが、英語のコミュニケーションでは"small talk"が重要な役割を果たします。特にビジネスシーンでは、本題に入る前の"small talk"をうまくこなすことがそ

の後のビジネスの成否を左右するほど、大事なものとされています。"small talk"次第で自分の印象を良く見せ、その場の緊張感もほぐし、良いムードを作って肝心の交渉をスムーズに進めることができるのです。その"small talk"の話題に相手の関心事を持ち出すのは、とても有効なやり方だと言えます。

　また、相手の興味をひきつける観点から話すためには、情報収集などの念入りな下準備が必要です。セオドア・ルーズベルト大統領は相手が誰であろうと話題に事欠かなかったそうですが、その裏には、会合の前の晩はいつも遅くまで、相手が興味のありそうな話題についての資料を読んでいたという努力がありました。

---

法則21

# 相手に「イエス」と言わせる

**Get the other person saying "yes, yes" immediately.**
相手に即座に「イエス、イエス」と言わせるようにする。

---

解説

　これは、人と議論をしたり相手を説得したりする時、お互いに異なるところから始めるのではなく、同意見である部分を強調していき、相手に肯定の気分を持ってもらいながら「私たちの目指すものは究極的には一致している」と思わせる法則です。別件でも良いので、最初に「イエス」と言わせるのも得策だそうで、大切なのはとにかく相手に「ノー」と言わせないことです。

人はひとたび「ノー」と言うと、その後もプライドがそれを邪魔するものだとカーネギーは分析しています。「ノー」を言うと人は頑なになりがちで、体全体の組織や脳も一緒になって「拒否」の方向へと動いていきがちになるからです。

　カーネギーは相手に「イエス」と言わせるために、

"Don't you think ... ?"
"Isn't that so?"
"Is that correct?"

などの多用をすすめています。日本語なら「そうお思いになりませんか？」「そうですよね？」「間違っていませんか？」などを使うことで、相手に「はい、そうです」と言うように仕向けることができます。

### 原文

【1】In talking with people, don't begin by discussing the things on which you differ. Begin by emphasizing —and keep on emphasizing—the things on which you agree.

　人と話す時、意見の違う点から議論を始めないことである。賛成する点を強調することから始めるのがよい。そして何度も何度も強調するのである。

【2】Keep emphasizing—if possible—that you are

both striving for the same end and your only difference is one of method and not of purpose.

　もし可能なら、両者ともお互い同じことを目指して努力していること、唯一の違いはやり方であって目的ではないということを強調し続けることだ。

【3】Get the other person saying, "Yes, yes," at the outset. Keep him, if possible, from saying "No."

　最初に相手に「イエス、イエス」と言わせることだ。できれば「ノー」と言わせないようにもすることだ。

【4】A "No" response ... is a most difficult handicap to overcome. When a person has said "No," all his pride of personality demands that he remain consistent with himself. ... Once having said a thing, he must stick to it.

「ノー」という受け答えは、のりこえるのがとても難しい障害になる。いったん「ノー」と言うと、その人の自尊心がその否定の気持ちを持続させようとする。一度言ってしまうと、それを変えられなくなってしまうのである。

【5】The skillful speaker gets at the outset a number of "yes responses." He has thereby set the psychological processes of his listeners moving in the affirmative direction.

話の上手な人は、最初にたくさんの「イエス」という返事を受け取っている。そうやって聞き手を心理的に賛成する方向に誘導していくのである。

【6】It is much more profitable and much more interesting to look at things from the other man's viewpoint and try to get him saying 'yes, yes.'

　相手の観点から物事を見て「イエス、イエス」と言わせるようにするほうが、はるかに有益で面白い。

【7】Did Socrates tell people they were wrong? Oh, no, not Socrates. ... His whole technique, now called the "Socratic method," was based upon getting a "yes, yes" response. He asked questions with which his opponent would have to agree.

　ソクラテスは相手に「間違っている」と言っただろうか？　とんでもない、ソクラテスはそんなことはしない。現在、「ソクラテス式問答法」と言われる彼のテクニックは、「イエス、イエス」という返事をさせることがすべて基本になっていた。相手が賛成せざるを得ない質問をするのだ。

### 語句

| get | immediately | differ |
|---|---|---|
| ～させる | すぐに | 異なる |

| agree<br>同意する | emphasize<br>強調する | strive<br>努力する |
|---|---|---|
| end<br>目的 | at the outset<br>最初に(は) | keep –from~<br>―を~させない |
| response<br>反応 | handicap<br>不利な条件 | overcome<br>克服する |
| demand<br>要求する | remain<br>~のままでいる | consistent<br>首尾一貫した |
| stick to<br>堅持する | skillful<br>巧みな、上手な | thereby<br>それによって |
| psychological<br>心理的な | affirmative<br>肯定的な | direction<br>方向 |
| opponent<br>敵 | | |

### エピソード

　カーネギーはこの法則をはるか昔に実践していたという、ソクラテスのやりかたを紹介しています。ソクラテス式問答法とは、「イエス、イエス」という返事を引き出すことが基本です。ソクラテスは相手が「そうです」と答えざるを得ない質問を次から次へと投げかけ、相手に「そうです」と認めさせることを繰り返します。すると、相手は気づかないうちに最初は受け入れなかったり反対したりしたことでも、結局、認めてしまうというのです。相手に「ノー」と言わせないよう、質問や提案の仕方にも工夫が必要です。

　この法則を知った時、以前、新聞に載っていた子育てに関する記事を思い出しました。子供を叱る時は

「～してはだめ！」と禁止の言い方ではなく、「～しようね」という言い方にすると、子供もその気になりやすい、という内容です。たとえば「走っちゃダメ」→「ゆっくり歩こうね」、「ケンカはダメ」→「仲良く遊ぼうね」、「大きい声を出しちゃダメ」→「小さい声でお話ししようね」というように言い換えると、子供も「うん、わかった」と思い、イエスという承諾する気分にさせることができるというわけです。

---

法則22
## 考えをドラマチックに伝える
Dramatize your ideas.
自分の考えをドラマチックに伝える。

---

解説

　人を説得する時、自分の考えを明確かつ論理的に説明することは大事ですが、ただ理屈を並べ立てるだけでは、相手もなかなか納得できなかったり、いまひとつピンとこなかったりすることがあります。

　そういう場合は視覚をはじめとする五感に訴え、その効果を実感できるようにすると効果的です。そのためには、その考えを脚色したり演出したりすることも大事なのです。

　ワッツの評伝によると、カーネギーは若い頃から自分をどのように見せるかが〝成功のカギ〟となることに気がついていて、ビジネスで成功するには「演技が

上手にならなければならない」と、ビジネスにおける
ショーマンシップの重要性を実感していました。これ
は彼が、若い時に入学したニューヨークの演劇学校で
の勉強やトレーニングに影響されたからだと考えられ
ます。

　この時の経験が土台となって自己表現の仕方の重要
性を認識し、この法則が生まれたとも言えます。また
その後、カーネギーは巡回興行のちょい役として舞台
に出たり舞台監督の助手をしたりした経験からも、演
出の効果を実感しています。

**原文**

【1】This is the day of dramatization. Merely stating a
truth isn't enough. The truth has to be made vivid,
interesting, dramatic. You have to use showmanship.
The movies do it. Radio does it. And you will have to
do it if you want attention.

　今は演出の時代である。単に事実を語るだけでは十
分ではない。事実は、生き生きと、面白く、ドラマチ
ックに見せる必要がある。ショーマンシップを見せな
くてはならない。映画もやっているしラジオもやって
いる。だから、もし注目されたければ、あなたもそれ
をすることだ。

【2】That book conveyed the facts more vividly, more
interestingly, more impressively, than days of figures

and mere talk could have done.

その本は、ただ数字や談話を並べるよりも、生き生きと、面白く、そして印象深く、事実を伝えたのだ。

【3】Experts in window display know the trenchant power of dramatization. For example, the manufacturers of a new rat poison gave dealers a window display that included two live rats. The week the rats were shown, sales zoomed to five times their normal rate.

ショーウインドウの専門家は、演出の大きい力を知っている。たとえば新しい殺鼠剤を製造した会社は、取り扱い店のショーウインドウに2匹の生きたネズミを入れることにした。ネズミがショーウインドウに入れられた週は、売り上げが通常の5倍になったのだ。

【4】I was presenting the same facts this time that I had presented previously. But this time I was using dramatization, showmanship—and what a difference it made.

今回も前回と同じ事実についてプレゼンテーションをした。でも今回は演出効果とショーマンシップを考えてやり、そのことで大きな違いが出たのである。

| | |
|---|---|
| **dramatize / dramatization**<br>劇的に表現する(こと) | **mere(ly)**<br>単なる、単に |
| **vivid / vividly**<br>生き生きと(した) | **showmanship**<br>芸人としての力、<br>演出上手 | **attention**<br>注意 |
| **convey**<br>伝える | **interestingly**<br>興味深く | **impressively**<br>印象深く |
| **figure**<br>数字 | **expert**<br>専門家 | **display**<br>展示 |
| **rat poison**<br>殺鼠剤 | **dealer**<br>業者 | **live**<br>生きた |
| **zoom**<br>急上昇する | **previously**<br>前に | |

**エピソード**

　通販番組の「使用前」と「使用後」のように、その演出効果は私たちもよく目にするところです。その違いを視覚的にはっきりと見せることで、言葉で説明するよりもずっと大きな効果を確信してもらうことができます。

　スピーチの名手とされる第44代米大統領のバラク・オバマは、覚えやすくインパクトのある言葉やフレーズを繰り返し使って聴衆の心を巧みに摑みました。アメリカに必要な"Change"をキーワードとして用い、"Yes, we can."などのスローガンを効果的に使ったのです。彼なりの政策やビジョンを簡単に、そしてドラマチックに伝えて国民に訴えかける戦術は、まさしく演出効果を狙ったものでした。

国内外を問わず、政治家の活動には演出がつきものです。日本の政治の世界でも、2001年から3期にわたって内閣総理大臣を務めた小泉純一郎氏は、小泉劇場と言われた劇場型の政治手法を駆使して国民の心をとらえました。社会学者の藤竹暁さんによれば、自らのパーソナリティーを前面に押し出し、政策を「賛成か反対か」などと単純化、そして毎日の首相の言葉と行動がテレビニュースの素材になるよう演出して話題を作り、国民に政治を身近に感じさせたのが、小泉劇場の特徴でした。自分の政策を劇としてわかりやすく国民に見せ、政治というものを演出したという点では、カーネギーの言う演出効果が十分に意識されたものと言えます。

---

法則23

# 相手に話をさせよう

**Let the other man do a great deal of the talking.**
相手にたくさん話させるようにする。

---

**解説**

　相手を説得しようとする時、ついこちらからたくさん話して説き伏せようとしがちですが、実はこちらは聞き役に回り、相手により多く話させることが、納得させることにつながるというものです。この章の最初の 法則 19 「聞き上手になろう」と共通するものがあります。

　相手に十分に話をさせ、言いたいことを全部話して

もらうことはその人に満足感をもたらし、それはまた、重要感につながります。そしてその後、今度は逆にあなたの話も聞いてもらえるようになり、当初は立場が違っていても最終的に相手を味方につけることもできるのです。

ところが、相手の話の途中で遮ったり全部話させることができなかったりした場合、相手には不満が残り、自尊心を傷つけることにもなります。結果としてこちらの話に耳を傾ける気持ちと余裕を失わせ、その人を説得することは難しくなるのです。

カーネギーが強調するように、人は誰でも「自分のことを話したい」「自分がしてきたことを認識してもらいたい」という強い願いがあります。もちろん、それは相手も同じなので、一歩ひいて、まずは相手のその望みをかなえてあげましょう、というのが彼の提案です。そうすることによって、こちらの本来の目的が達成しやすくなるからです。


### 原文

【1】Let the other man talk himself out. He knows more about his business and his problems than you do. So ask him questions. Let him tell you a few things.

相手が言いたいことを全部話させなさい。彼のほうがあなたより、彼自身やその問題についてよくわかっているのだから。そして、彼に質問をしてみなさい。

いくつか話してもらうのだ。

【2】If you disagree with him, you may be tempted to interrupt. But don't. It is dangerous. He won't pay attention to you while he still has a lot of ideas of his own crying for expression. So listen patiently and with an open mind. Be sincere about it. Encourage him to express his ideas fully.

彼の意見に同意できない時は、口を挟みたくなるかもしれない。でもそれは危険だからしてはいけない。自分が言いたくてたまらないことがまだたくさんあるうちは、あなたの言うことに注意を払わないものだ。だから、忍耐強く、心を開いて聞くこと。誠実に聞き続けること。考えていることを全部言わせてあげることだ。

【3】I discovered, quite by accident, how richly it sometimes pays to let the other fellow do the talking.

全く偶然ながら、相手に話させるほうがどんなに得になるかを発見した。

【4】So, let's minimize our achievements. Let's be modest. That always makes a hit.

だから、自分の成し遂げたことについて話すのは最小限にしよう。謙虚になろう。そうすれば必ずうまくいく。

【5】Mr. Cubellis had taken the trouble to find out about the accomplishments of his prospective employer. He showed an interest in the other man and his problems. He encouraged the other man to do most of the talking—and made a favorable impression.

　キュベリス氏はわざわざ時間をとって、将来の雇用主の業績について調べておいた。そして、（*面接の時に）その人とその問題に興味を示したのだ。相手にもっぱら話をさせるように仕向け、好印象を与えたのである。

【6】We ought to be modest, for neither you nor I amount to much. Both of us will pass on and be completely forgotten a century from now. Life is too short to bore other people with talk of our petty accomplishments. Let's encourage them to talk instead.

　あなたも私ももっと謙虚になるべきだ。実際、それにはほど遠いのだから。私たちはともにいずれ死に、1世紀もたてばすっかり忘れられる。人生は短いのだから、自分の取るに足りない業績を相手に聞かせて退屈させることはない。それよりも相手に話させよう。

## 語句

| a great deal of | talk out | disagree |
|---|---|---|
| たくさんの | 徹底的に話す、話し尽くす | 反対する |

| | | |
|---|---|---|
| **be tempted**<br>したくなる | **interrupt**<br>口を挟む | **crying**<br>叫び |
| **patiently**<br>忍耐強く | **fully**<br>完全に | **discover**<br>発見する |
| **by accident**<br>偶然に | **pay**<br>利益になる | **minimize**<br>最小限にする |
| **achievement**<br>達成 | **modest**<br>謙虚な | **make a hit**<br>うまくいく |
| **accomplishment**<br>達成 | **prospective**<br>将来の | **employer**<br>雇い主 |
| **amount to**<br>〜になる | **bore**<br>退屈させる | **petty**<br>取るにたらない |

**エピソード**

**原文【5】**は、ある人が大手新聞社に採用されることになった時の作戦です。キュベリス氏は面接の前に、その会社を設立した社長のことをできるだけ詳しく調べました。そして面接では調べた情報をもとに、「こんなにすばらしい会社に面接の機会をいただき光栄ですが、28年前に小さい部屋と一人のタイピストだけでこの会社を始められたって、本当ですか?」と質問しました。成功者というのは「いかに自分が苦労してきたか」という話をしたがるもので、この社長も例外ではありませんでした。数々の苦労話を延々と続け、最後にキュベリス氏に少しだけ質問した後、「この人(キュベリス氏)こそ、わが社が探してきた人材だ」と言ったのです。

就活がいつもこのようにうまくいくとは思えません。

ただ、相手を見て「自分自身のことを話したがっている」という欲求を上手に刺激すると、より相手の重要感を満たすことができる典型例と言えます。

またこのように、あらかじめ情報を集めておけば、よりスムーズに相手に話させることができます。

フランスのモラリスト文学者ラ・ロシュフコーはこんな言葉を残しています。

「相手を敵に回したいのなら、その人を負かしなさい。相手に友人になってもらいたいなら、相手に花を持たせるようにしなさい」

相手を言い負かすのではなく、相手が言いたいことを話させることで心を開いてもらうことができ、コミュニケーションがスムーズにいくようになります。

映画監督のスティーブン・スピルバーグが"When you listen, you learn, You absorb like a sponge - and your life becomes so much better than when you are just trying to be listened to all the time."（人は聞く時に学べる。常に聞いてもらおうとしているだけより、スポンジのように吸収し、人生がはるかに豊かになる）と言っているように、相手に話させ、それを聞くことで自分が得るものがたくさんあるということです。

法則19 で紹介した、傾聴力を唱えたカール・ロジャーズも、「人は話すことで癒される」と言っています。話すことがある意味、自己実現の手段であり、こちらは何もしなくても、ただ話をさせてあげることで、その人の重要感を満たすことができるというわけです。

# 相手に、自分の発案だと感じさせる

**Let the other fellow think the idea is his.**
相手に、その考えが自分の発案だと感じさせるようにする。

## 解説

　人は押し付けられた考えや提案には賛成しがたく、「自分の意見のほうが良い」と思う傾向があります。そこで相手に協力してもらう戦術として、こちらの考えをそれとなく伝えつつ、相手にそれが良いと思わせるように仕向けるというやり方です。ポイントは、相手に「（その考えは）自ら発案した」と思わせることです。相手の意見に従ったのではなく、自分で考えついたように思うので、やる気を持って取り組むようになります。

## 原文

【1】Wouldn't it be wiser to make suggestions—and let the other man think out the conclusion for himself?

　こちらから提案するほうがより賢いのではないだろうか？　そして、相手が自分でその結論を出したと思わせるようにするほうが。

【2】No man likes to feel that he is being sold something or told to do a thing. We much prefer to feel that we are buying of our own accord or acting on our own ideas. We like to be consulted about our wishes, our wants, our thoughts.

　誰でも、ものを売りつけられたり命令されたりするのはいやなものだ。自分の意思で買い、自分の考えで行動したいものだ。自分の希望や欲求や考えはどうなのかと聞かれたいものだ。

【3】After a hundred and fifty failures, Wesson ... resolved ... to develop new ideas and generate new enthusiasms. ... Picking up half a dozen unfinished sketches ... , he rushed over to his buyer's office. "I want you to do me a little favor, if you will," he said. "Here are some uncompleted sketches. Won't you please tell me how we could finish them up in such a way that they would be of service to you?" ... Wesson returned three days later, got his suggestions, took the sketches back to the studio and had them finished according to the buyer's ideas. The result? All accepted.

　150回も（＊売り込みが）失敗に終わった後、ウェッソン氏は新しいやり方を開発し、新たに強い関心を持ってもらおうと決意した。6枚の未完成のデッサンを持ってバイヤーの事務所にかけつけ、「実はちょっとお願いしたいことがあるのですが」と切り出した。「これは未完成のデッサンなのですが、どうすればあなたがたのお役に立つように仕上げられるか教えてい

ただけませんか？」と頼んだのだ。ウェッソン氏は3日後にまた訪れて彼らから提案をもらい、自分の仕事場に戻ってバイヤーの考え通りに完成させた。結果はどうだったかって？　全部、買ってもらえたのだ。

【4】I had urged him to buy what I thought he ought to have. I do the very opposite now. I urge him to give me his ideas. He feels now that he is creating the designs. And he is. I don't have to sell him now. He buys.

　以前は「彼に必要だ」と私が思っているものを買わせようとしていた。今は全くその逆をやっている。彼の考えを教えてくれるようせがむのだ。彼は今や、自分がデザインを作り出していると感じている。実際にそうなのだ。私はもはや彼に売る必要はない。彼が買っているのだ。

【5】I learned the best way to convert him to an idea was to plant it in his mind casually, but so as to interest him in it—so as to get him thinking about it on his own account.

　その人をある考えのほうに心変わりさせる最良の方法は、さりげなく、それをその頭に植え付けることだと学んだ。しかし、彼が興味を持つように、そして、彼自身がそれを考えついたと思わせるようにすることが大切だ。

【6】Remember, Roosevelt went to great lengths to consult the other man and show respect for his advice. When Roosevelt made an important appointment, he let the bosses really feel that they had selected the candidate, that the idea was theirs.

　覚えておいてほしいのは、ルーズベルトは他の人に相談する労を惜しまず、そのアドバイスに敬意を払ったことだ。重要な任命をする際、ルーズベルトは政界のボスたちが候補者を選び、その案はもともと彼らのものだと実感させるようにしたのだ。

## 語句

| other fellow<br>相手 | wiser<br>wise (賢い)の比較級 | conclusion<br>結論 |
|---|---|---|
| be sold<br>売られる | prefer<br>のほうがよい | |
| of one's own accord<br>自分の意思で | | consult<br>相談する |
| resolve<br>決意する | generate<br>生み出す | enthusiasm<br>熱心 |
| urge<br>促す | opposite<br>反対の | convert<br>変える |
| casually<br>なにげなく | select<br>選ぶ | candidate<br>候補者 |

## エピソード

　原文【6】は、セオドア・ルーズベルト大統領がニューヨーク州知事時代、この方法でうるさ型の政治家

連中をうまく扱い、彼らの思うようにはさせず、自分の希望通りの人事に仕向けていたという話の一部です。

　重要なポストを決める時、自分の希望を前面には出さず、まずは彼らの意見を聞くのがルーズベルトのやり方でした。彼らが出してきた第1候補、第2候補、第3候補を、それぞれ納得のいく理由をつけて退け、彼らのそれまでの提案に感謝をした上で、「もう一度考えてみてくれないか」と頼みます。そこで最後に彼らが出してきた第4候補こそ、ルーズベルトが最初から考えていた人物だったので、彼らにお礼を言って、任命しました。長い時間をかけて相談をもちかけ、彼らが出してきた意見に敬意を示しながらも問題点を指摘し、最終的には「自分たちでその候補を選んだ」と思ってもらえたわけです。

　私の友人が家族旅行の行き先を決める際にとったやり方も、この法則に近いものがあります。彼は奈良や京都に行きたいと思っていたのですが、妻は前年同様、海の近くのリゾート地に行きたがっているのをうすうす感じていました。そこで最近、小学校高学年の息子が日本の歴史に興味を持ちだしていることに気がついた彼は、教育熱心な妻には〝これが使える〟と思ったのです。


夫「最近、あの子は日本史に興味があるみたいだね」
妻「そうなのよ」
夫「せっかくだからその興味をうまく伸ばしてあげた

いなあ。歴史に関係のあるところに連れて行っ
　　たら、きっと喜ぶんじゃない？」

妻「確かにね」

夫「今度の夏休みはそういうところに行ってみてもい
　　いかもしれないね」

妻「じゃあ、奈良や京都はどう？　歴史に出てくるお
　　寺が多いから、きっと興味を持つわ」

夫「さすがだね、それはいい考えだ」


　こんな具合に、夫は自分の希望を直接言わなくとも、
妻の関心事である息子のことを話題に出し、それとな
くやりとりを進めるうちに、いつの間にか妻の意見は
彼の望む方向に導かれ、最終的には夫の行きたいとこ
ろに決まったというわけです。彼がしたことは前述の
法則21「相手に「イエス」と言わせる」とも関連し
ていて、妻が肯定できる（否定しづらい）質問を重ねる
ことで「イエス」を引き出しています。

　また、私のクラスの学生は、カーネギーの本を読ん
で得たヒントを就活のグループワークで試したところ、
うまくいったと話してくれました。グループでの作業
中、彼の場合は自分のアイデアではなく、他の人のア
イデアがいいと思ったのですが、発案者に敬意を表す
意味で「田中案のここ、いいですね」「山田案でいきま
しょうか！」などと頻繁に口にしていたところ、「自分
の案が認められた！」と当の発案者は大いに喜んでく
れ、相乗効果的にチームの雰囲気も良くなり、一体感

が生まれたそうです。

　結果、面接官からも「グループワークでちゃんと周囲を敬い、認めながら進行する人」との印象を抱かれ、選考を通過することが多かったと彼は振り返ります。この例は、法則24 の本来の意味合いとは少し違いますが、相手に「自分が発案した」という重要感を強めてもらい、結果的に合意を生んだという意味では似ているとも言えます。

　ちなみにこの方法は、次章で紹介する 法則27 「名前を覚える」との〝合わせ技〟とも言えます。人が持つ、名前に対しての思い入れを上手に利用したもので、「田中案」のように自分の名前をつけられると、その場で感じる重要感がいっそう強まり、やる気も高まる効果が期待できます。

法則25
# ちょっとしたお願いをする
**Ask him to do me a little favor that makes him feel important.**
重要感を持ってもらえるような、小さい頼みごとをする。

解説

　これは「はじめに」でも述べたように、カーネギーが特に法則として掲げたものではなく、初版の中の小さな章 "Letters That Produced Miraculous Results"（奇跡的な結果をもたらす手紙）に記されているものなのですが、相手を味方につけるための面白い作戦だと思い、

とりあげてみました。

　小さい頼みごとをすると、相手は「自分が頼りにされている」と思って重要感を持つようになります。さらに、「自分の良さをわかってくれているからこそ、頼まれたのだ」と良い気分になり、こちらに好意を持ち始めます。

　この作戦は、敵対していたり関係がうまくいっていなかったり、こちらを良く思っていなかったりする場合、特に有効です。こちらの印象が良くなり、相手が持っているマイナスの感情をプラスに変える効果があるからです。

　もともとこの章は、効果的な手紙、それもダイレクトメールやセールスレターをいかにうまく書くかを伝授するためのものでしたが、そのアドバイスは手紙だけではなく、普通の対人関係においても十分役立つものです。相手を自分の味方にしたかったり自分に好印象を持ってもらいたかったりする時に有効です。

### 原文

【1】Simple letter, isn't it? But it produced "miracles" by asking the other person to do a small favor—the performing of which gave him a feeling of importance.

　簡単な手紙でしょう？　しかしこれが、相手にちょっとしたお願いをすることで奇跡を起こした──それによって彼に重要感を与えたからだ。

【2】Benjamin Franklin used this technique to turn a caustic enemy into a lifelong friend. ... He asked his enemy to do him a favor. ... Franklin asked a favor that pleased the other man—a favor that touched his vanity, a favor that gave him recognition, a favor that subtly expressed Franklin's admiration for his knowledge and achievements.

　ベンジャミン・フランクリンはこの作戦のおかげで、辛辣なライバルを一生の友人に変えることができた。そのライバルに頼みごとをしたのだ。フランクリンは、その人を喜ばせるようなお願いごとをした。そのことが彼の虚栄心を刺激し、認められていると思わせ、フランクリンがその人の知識と業績を尊敬していることをにおわせたのである。

【3】I'm not here to sell you anything today. I've got to ask you to do me a favor, if you will. Can you spare me just a minute of your time?

　今日はセールスをしに来たのではありません。もしできたら、お願いを聞いていただけないかと思って来たのです。少しお時間をいただけないでしょうか。

【4】This change in his attitude was brought about by my asking him to do me a little favor that made him feel important.

　彼の態度のこの変化は、私が小さい頼みごとをした

ことによるものだ。そして、そのことで彼は自分を重要だと感じたのだ。

【5】Remember, we all crave appreciation and recognition, and will do almost anything to get it. But nobody wants insincerity. Nobody wants flattery.

Let me repeat: the principles taught in this book will work only when they come from the heart. I am not advocating a bag of tricks. I am talking about a new way of life.

覚えておいてほしい。私たちはみな、「自分の良さをわかって、認めてもらいたい」と強く願っていて、そのためには何でもしようと思っていることを。しかし、誰も、心にもないことを言われたくはない。お世辞は誰も望んでいない。

もう一度言わせてください。この本に示されている原則は、誠実に行われた時にだけ効果があるのです。上辺だけのコツを宣伝しているのではなく、新しい生き方について話しているのです。

## 語句

| favor | miracle | perform |
|---|---|---|
| 親切な行為 | 奇跡 | 実行する |
| caustic | enemy | lifelong |
| 辛辣な | 敵 | 一生の |
| please | vanity | recognition |
| 喜ばせる | 虚栄心 | 認めること |

| subtly<br>かすかに | admiration<br>尊敬 | achievement<br>功績、達成 |
| :---: | :---: | :---: |
| spare time<br>時間をさく | brought<br>（bringの過去・過去<br>分詞形)もたらされる | crave<br>切望する |
| insincerity<br>不誠実 | flattery<br>お世辞 | advocate<br>主張する |
| a bag of<br>多数の | trick<br>策略 | |

## エピソード

　カーネギーは、相手にちょっとした頼みごとをすることで「こちらに協力してあげよう」という気持ちになる心理を、"'do-me-a-favor' psychology"（「お願いがあるのですが」心理）と名付けています。

　全米で最もやり手の販売促進マネージャーと目されていたケン・ダイク氏は、この「お願いがあるのですが」心理をうまく多用して、情報の提供依頼の手紙を返送してもらうことに成功していました。

　普通、こういう手紙の返送率が5〜8％を超えることはめったになく、ダイク氏によると15〜20％だったら奇跡に近いそうです。ところが、彼が出したある手紙では42.5％、つまり奇跡の2倍もの高い確率で返事が来たのです。彼はその秘訣について、カーネギーの法則を応用したからだと説明しています。

　その手紙が紹介されていますが、彼のテクニックは3つあります。

①まず、自分たちが今、大変困難な状況にあるという説明から始め、相手の注意と同情をひく。

②次に、相手の協力がなければ事態はより深刻になり、解決できるかどうかは相手の協力にかかっていると強調する。

③説明にIとYouを多用し、appreciationを繰り返す。

　ポイントは①です。頼んできたほうを気の毒だと思って相手が少し優越感を持ち、さらに②によって「こちらが頼られている」「解決はこちらにかかっている」と思うため、相手の重要感がより高まります。相手の会社や仕事の規模が小さいほど、この効果は大きくなります。そして③で自分たちの仲が親密だという雰囲気を作り、"appreciation"つまり感謝や敬意の言葉を何度も繰り返し、さらに相手の重要感を刺激するのです。要は、相手に「そんなにまで言うなら、やってあげましょうか」という気持ちにさせることなのです。

　頼まれると断れないという人間の心理を利用しつつ、決して上から目線ではなく、謙虚に低姿勢で相手にお願いすることにより、相手にその気になってもらうアドバイスです。

## 第4章のポイント

**相手の話を傾聴し、話す時は相手の目線でドラマチックに伝え、相手にイエスと言わせる。**

**法則22** 「考えをドラマチックに伝える」の"dramatize"という言葉に関連して紹介したいのは、私がいくつかのクラスで行っているアクティビティです。「カーネギーの法則をよりわかりやすく伝える寸劇（スキット）を作ろう」というもので、いわば"Dramatize Carnegie's Rules."です。

二人または三人一組になってひとつの法則を選び、設定などはそれぞれ自由に考えてもらい、その法則の効果、またはその法則に反した結果、悪い結末になったという3分間のスキットを作り、さらに、それを自分たちで演じるというアクティビティです。

自分たちで具体的に法則の効果を表したスキットを創作することで、その法則の理解を深め、さらにそれを演じることで体感することが目的です。

「批判をしない」という法則を用いたスキットでは、凶悪なテロリストが、非難せずにその価値観に共感を示したネゴシエーターに説得されていました。

別のペアは、サッカーのゲーム中にミスをした選手をチームメートが批判するパターンと、批判せずに励ますことで次のチャンスをゴールに導いたパターンを対比させるスキットで、批判の逆効果を演出していました。

このスキットでは、あたたかい励ましの言葉に見ている私たちも明るい気持ちに包まれ、"appreciation"

がその本人だけでなく、周りの人にも及ぶ効果を実感できました。

また、「重要感を持ってもらう」という法則を選んだスキットでは、「会社を辞めたい」と漏らす部下に対し、自分でも認識していなかった良いところを上司が大いにほめることで引き留めに成功する、という内容でした。

他のクラスメートのスキットを見ることで、よりカーネギーの法則の意義が具体的に理解できたという感想が多く、まさにこの法則の、〝実際に見せて視覚に訴える〟ことの効果を実感することができるものと言えます。

このアクティビティは毎回好評で、私自身、学生たちのクリエイティブな視点の脚本や熱演から、法則の思いがけない効果を教えてもらうことも多くありました。面白い発想があったり小道具を持ってきて熱演するペアがあったりと、なかなか有意義な実践の時間になっています。

全部のスキットが終わったら、みんなに投票してもらって The Best Actor Award（最優秀男優賞）、The Best Actress Award（最優秀女優賞）、The Best Screenplay Award（最優秀脚本賞）を発表するので、学生たちも楽しんでいるエンターテインメントにもなっています。

# 第5章

# 相手に良い印象を
# 与えるための法則

⇒ごく簡単な方法で相手に好印象を与え、良い関係を
築くことができます。カーネギーは相手の名前を覚え
たり笑顔を見せたりすることなど、シンプルながらも
効果絶大な、好印象の与え方をアドバイスしています。

# いつも笑顔で

**Smile.**
笑顔を忘れない。

## 解説

　カーネギーは、笑顔を"a simple way to make a good impression"（好印象を簡単に与えられる手段）としてすすめています。何もせず、ただ顔に笑みを浮かべるだけで良い第一印象を与えられるのです。

　その反対に、いくら高価な洋服や宝石で身なりを着飾っても、笑顔のない人は、冷たく、感じの悪い印象しか与えられません。しかし、たとえ何も言わなくても、スマイルだけでポジティブなメッセージを発信することができるという、非常に簡単な〝スマイル効果〟を強調しています。

　また、自分から笑顔で接すれば相手も反射的に笑顔を返してくるので友人が増え、自分の世界が明るくなります。カーネギーはあいさつの重要性も強調していて、笑顔であいさつすることがコミュニケーションの始まりだとしています。

　笑顔の効果はすでに広く知られているので決して目新しいものではありませんが、カーネギーはその効用を以下のようにいろいろな角度から紹介しています。

## 原文

【1】She didn't realize what every man knows: namely,

that the expression a woman wears on her face is far more important than the clothes she wears on her back.

彼女は、みなが知っていることをわかっていなかった。つまり、身につけている洋服より、顔に浮かべている表情のほうがより大切だということを。

【2】Actions speak louder than words, and a smile says, "I like you. You make me happy. I am glad to see you."

行動は言葉よりもはっきりと表現する。笑顔は、「あなたが好き。あなたといると幸せ。あなたに会えてうれしい」と伝えている。

【3】The employment manager of a large New York department store told me he would rather hire a sales girl who hadn't finished grade school, if she had a lovely smile, than to hire a doctor of philosophy with a sober face.

ニューヨークのある大手デパートの採用担当部長は、愛想のない哲学博士より、たとえ小学校を卒業していなくても笑顔のすてきな女性のほうを店員として雇いたいと話していた。

【4】I greet the elevator boy in the apartment house with a 'Good Morning' and a smile. I greet the doorman with a smile. ... I soon found that everybody was smiling back at me. I treat those who come to me with complaints or grievances in a cheerful manner. I smile as I listen to them and I find that adjustments are accomplished much easier. I find that smiles are bringing me dollars, many dollars every day.

（＊今まで、笑顔のなかった株式仲買人が言うには）私は「おはよう」とアパートのエレベーター係に笑顔であいさつしました。ドアマンにも笑顔であいさつしました。そして、みなが笑顔を返してくることにすぐに気がつきました。不満や苦情を言いに来た人たちにも、同じように明るく接しました。その人たちの言い分を聞く時に笑顔で応対すると、そのほうがよりスムーズに問題が解決されることがわかりました。笑顔がたくさんの利益を毎日もたらすことがわかったのです。


【5】You don't feel like smiling? Then what? Two things. First, force yourself to smile. If you are alone, force yourself to whistle or hum a tune or sing. Act as if you were already happy, and that will tend to make you happy.

笑顔になる気分ではないと？　それなら、ふたつのことがある。ひとつは、無理にでも笑顔を作る。もし誰もいなかったら、口笛を吹くかハミングするか歌うようにする。（＊ふたつめは）あたかもすでに幸せな気分でいるようにふるまうことだ。そうすれば幸せだと

感じたくなる。

【6】Chinese proverb: A man without a smiling face must not open a shop.

　中国のことわざ：笑顔のない人は、店を開くべきではない。

【7】A smile costs nothing, but creates much.

　笑顔は、お金はかからないが、たくさんの物を生み出す。

【8】It enriches those who receive, without impoverishing those who give.

　笑顔は受け取った人を豊かにするが、それをあげた人の何かが減るわけではない。

【9】It happens in a flash and the memory of it sometimes lasts forever.

　笑顔は一瞬だが、その記憶は時として永遠に続く。

【10】It creates happiness in the home, fosters good will in a business, and is the countersign of friends.

　笑顔は家庭に幸せをもたらし、ビジネスでは善意を促進し、友だち同士の合言葉でもある。

【11】It is rest to the weary, daylight to the

discouraged, sunshine to the sad, and Nature's best antidote for trouble.

　笑顔は、疲れている人には休息、がっかりしている人には光、悲しい人には太陽であり、そして自然にできる最良の問題解決手段でもある。

### 語句

| | | |
|---|---|---|
| **namely**<br>すなわち | **louder**<br>loud（大きい声で）の<br>比較級 | **employment**<br>雇用 |
| **hire**<br>雇う | **grade school**<br>小学校 | **lovely**<br>美しい |
| **doctor**<br>博士（号） | **philosophy**<br>哲学 | **sober**<br>真面目な、地味な |
| **greet**<br>あいさつする | **treat**<br>扱う | **complaint**<br>不満 |
| **grievance**<br>不平 | **cheerful**<br>明るい | **adjustment**<br>調整 |
| **accomplish**<br>成し遂げる | **force**<br>強いる | **alone**<br>一人で |
| **whistle**<br>口笛を吹く | **hum**<br>ハミングする | **tune**<br>曲 |
| **tend to**<br>〜するようになる | **proverb**<br>ことわざ | **cost**<br>（費用が）かかる |
| **create**<br>作り出す | **enrich**<br>豊かにする | **impoverish**<br>貧しくする |
| **in a flash**<br>一瞬で | **forever**<br>永遠に | **foster**<br>促進する |
| **countersign**<br>合言葉 | **rest**<br>休息 | **daylight**<br>光 |

| **discouraged** | **antidote** |
|---|---|
| がっかりした | 解決手段 |

**エピソード**

原文【4】は世界的に活躍していた、ある辣腕株式仲買人の例です。普段、ほとんど笑顔を見せない無愛想な人でしたが、カーネギーのセミナーを受講したことをきっかけに笑顔を絶やさないようにしたところ、公私ともに人間関係がとてもうまくいくようになったそうです。

最も大きな変化は、彼が笑顔であいさつすると、みなが同じように笑顔であいさつを返してくる、ということでした。以前は親しげにあいさつされることはほとんどありませんでしたが、今は彼が出会う人みなにあいさつするたび、すぐあいさつが返ってきて、彼の周りには友人の輪が広がっていきました。

自分が笑顔を見せれば相手も笑顔を返すし、こちらからあいさつすれば向こうもあいさつする——ごく単純なことではありますが、どちらが先にするかにこだわっている人はいませんか？

この法則を授業で扱うたび、私は学生たちに次のようにすすめています。

「向こうからあいさつされるのを待っていないで、まず、自分からあいさつしてみましょう。そうすれば、すぐ相手から返ってきます。もちろん、笑顔でするとなおさら好印象を与え、この株式仲買人のようにきっ

と友だちが増えます」

　これは外国のみならず、日本の社会でも同じことが言えます。あいさつも笑顔も、自分からすれば必ずそれが返ってきます。しかし、自分からしないと、相手があいさつをしてくるかどうかはわかりません。してくれる人もいるかもしれませんが、みながみな、そうとは限りません。

　時々、「最近の若い人はあいさつをしませんね」という年配の方の愚痴を聞くことがありますが、もしかしたら、その方たちは自分から先にあいさつをしていないのかもしれません。「自分のほうが年配だから」「目上だから」といって、「部下や年下から先にあいさつするべき」などというこだわりは捨て、あいさつも笑顔も自分から率先しましょう。カーネギーの言うように、あなたを慕う人が増え、いつのまにかその輪も広がり、人生が楽しくなるはずです。

　TEDトークはさまざまなトピックで視聴者の興味をひきつけていますが、笑いのもたらす健康効果をとりあげた"The hidden power of smiling"（笑顔の隠れた力）もそのひとつでした。プレゼンターを務めた起業家ロン・ガットマンは、その中で笑いのもたらす健康効果や効能を強調しています。笑顔は気分が良い時に出るだけでなく、微笑むという行為自体に気分を良くさせる効果があるのです。それは、微笑みが脳の報酬メカニズムを刺激するからで、そのパワーはチョコバー2000個分に相当するそうです。

ガットマンは著書の中でも、笑顔はドーパミン、アドレナリン、コルチゾールといったストレスを減少させるホルモンを分泌させ、エンドルフィンのような幸せホルモンを分泌し、血圧を下げる働きがあるので、身体の健康につながると説明しています。

　さらに、笑顔の人は周りの人への印象が良くなります。ペンシルベニア州立大学のアンドリュー・リード教授の研究（2016年）では、笑顔でいると周りの人に好感を与え、親切に見えるだけではなく能力がある人に映ると報告しています。

　また感情と表情の研究の権威である、アメリカの心理学者のポール・エクマン博士も、顔の表情筋や目の周辺の筋肉を動かすと、楽しい感情をもたらす脳が活性化すると説明しています。笑顔は相手に重要感を与えるだけでなく、自分もそのことでハッピーな気分になることができるのです。

　先日、私がある講演会に参加した時のことです。女性の視点から新しい働き方を具体的に提言する内容にとても共感を覚えた私は、そのスピーカーの話を聞きながらついつい頷いていたようです。

　その後、その方と名刺交換した際、こんなことを言われました。

「話している時、笑顔で頷いてくださっている木村さんの姿を見てうれしかったです。自分の主張がみなさんにどう受け止められるか少し不安な点もあったので、とても勇気づけられ、自信を持って講演を続けられま

した」

　私自身、あまり意識していなかったことなので、いささかびっくりしたものの、そう言われた私のほうもうれしくなりました。

　逆の立場で考えてみると、こちらが話している時、聴衆の中に笑顔で頷いている人を見るとたしかに話しやすく感じます。逆に、首を傾げたりしかめっ面や厳しい表情の人、退屈そうな人、あくびなどをしている人を見ると、不安になるものです。

　このように、笑顔ひとつで相手を勇気づけることができ、その効力は大きいのです。アパルトヘイト政策の撤廃に生涯を捧げ、南アフリカに和解と融合、自由をもたらしたネルソン・マンデラは不屈の闘志を内に秘めつつも、その、人を包み込む温かい笑顔で人々を魅了しました。そんなマンデラは次のような言葉を残しています。


　"Appearances matter — and remember to smile."
　（外見は大切だ。笑顔を忘れぬように）

# 名前を覚えよう

**Remember that a man's name is to him the sweetest and most important sound in the English language.**
名前はその人にとって、言葉の中で一番心地良く重要な響きを持っていることを覚えておく。

### 解説

「以前に一度、会ったことがあるのに名前が出てこない」「自分は人の名前や顔を覚えるのが苦手」……そんな悩みを抱えている人は多いのではないでしょうか。

しかし、ビジネスの場でもプライベートな関係でも、「名前を覚えることの効果は絶大」だとカーネギーは強調しています。名前は、その人と他の人とを区別し、一人の個人として認識するものだからこそ、覚えてもらえることによって、その人は"feeling of importance"を持ちます。結果、名前を覚えてくれた人に対して好印象を抱くのです。

当たり前と言えば当たり前のことではありますが、カーネギーは人々が自分の名前にこだわることに注目しています。名前を間違えられたり覚えてもらえなかったりすると、自分が軽んじられていると受け取る人もいます。

また、私たちの名前へのこだわりは、ノーベル賞や芥川賞・直木賞、東京大学の安田講堂のように、賞や建造物などに人の名前をつけたり通称で呼んだりすることにも表れています。故人を偲び、偉業を称え、亡くなったあとも永く人々の記憶に刻まれるからです。

**原文** 【4】で示されているように、自分が死んだ後も世間に忘られないように多額の寄付をして建物等にその名を残す人も少なくありません。

　相手の名前を覚えること、記憶にとどめることは、まさにその人の重要感を満たす、最強の手段だと言えます。逆にそれをしないと、自分に不利な状況になったりトラブルに巻き込まれたりすることもあると、カーネギーは警鐘を鳴らしています。

**原文**

【1】Franklin D. Roosevelt knows that one of the simplest, most obvious, and most important ways of gaining good will is by remembering names and making people feel important.

　フランクリン・ルーズベルトは、好意を持ってもらうための一番簡単で明確で重要な方法のひとつが、相手の名前を覚えて重要だと思ってもらうことだとよくわかっている。

【2】By the time Andrew Carnegie was ten, he too had discovered the astonishing importance people place on their own names.

　アンドリュー・カーネギーもまた、10歳になる頃までには、人が自らの名前をびっくりするくらい大事に思っていることに気がついていた。

【3】This policy of Andrew Carnegie's of remembering and honoring the names of his friends and business associates was one of the secrets of his leadership.

アンドリュー・カーネギーのリーダーシップの秘密——それは、友人やビジネス仲間の名前を覚えて、敬意を表すというやり方にあった。

【4】Men are so proud of their names that they strive to perpetuate them at any cost. ... Libraries and muscums owe their richest collections to men who cannot bear to think that their names might perish from the memory of the race.

人は、自分の名前をとても誇りに思っているので、それを何とかして残したいと努力する。図書館や博物館がきわめて豊富なコレクションを所蔵しているのは、自分の名前が人類の記憶から消え去るかもしれないことに耐えられない人たちのおかげである。

【5】One of the first lessons a politician learns is this: "To recall a voter's name is statesmanship. To forget it is oblivion."

And the ability to remember names is almost as important in business and social contacts as it is in politics.

政治家が最初に学ぶべきことはこれだ：「有権者の名前を覚えるのは政治家の役目だ。それを覚えていな

いのは、忘れっぽいということだ」

　人の名前を覚える能力が、政治の世界で重要なように、ビジネスや社会生活の中でもほぼ同様に重要なのである。

## 語句

| | | |
|---|---|---|
| **sweetest**<br>sweet(快い)の<br>最上級 | **obvious**<br>明確な | **gain**<br>得る |
| **good will**<br>好意 | **discover**<br>発見する | **astonishing**<br>驚くべき |
| **place**<br>置く | **honor**<br>栄誉を与える | **associate**<br>仲間／結びつける |
| **strive**<br>努力する | **perpetuate**<br>長続きさせる | **owe**<br>負う |
| **bear**<br>耐える | **perish**<br>消え去る | **race**<br>人類 |
| **recall**<br>思い出す | **voter**<br>投票者 | **statesmanship**<br>政治的手腕 |
| **oblivion**<br>忘れっぽさ | | |

## エピソード

　鉄鋼王アンドリュー・カーネギーが成功した理由のひとつに、名前を覚えることと同時に、人々の名前に対する思い入れの強さを認識していたことがあげられます。

　ライバルのジョージ・プルマンとの激しい競争に終止符を打ちたかった彼は、プルマン氏に合弁会社の設

立を持ちかけました。プルマン氏は当初、乗り気ではなかったうえに、その新しい会社の名前が何になるのかが気にかかっていました。そこで、アンドリュー・カーネギーが「プルマン・パレス車両会社」という名前にしましょうと提案すると、プルマンはすぐその話に乗ってきたそうです。これは当時の人々をあっと驚かせる、アメリカ産業史上に残る合弁話となりました。

　相手が自分の名前を新会社につけたがっていることをうまく利用して、自分の計画を実現させたというわけです。まさに名より実をとったという、彼らしい賢い判断です。

　名前を覚えるのが上手な人は、人知れず努力をしています。カーネギーはナポレオン3世の例をあげて、相手の心を摑み、共感や協力を得るための名前を覚えるコツも紹介しています。そのテクニックは誰でもできる簡単なものです。

・名前はどういうつづりか確かめる（相手が日本人なら、漢字でどう書くのか聞いてみるといいでしょう）
・会話中にその名前を何度も言ってみる
・名前と、外見や特徴などとを関連づけて覚える
・名前を書き留めるなどして、耳からだけでなく目にも記憶を焼きつける

　日本語の場合、名前を会話の中に挟み込むことはそれほど多くありません。しかし英語では、"Good morning,

Mr.Brown!""How was your weekend? Kate?"などのように、習慣的に文の最後に相手の名前を頻繁に入れますので、英語のコミュニケーションでは名前を覚えることがより重要となります。

　相手の名前を覚えることで人心を掌握していた日本人としては、田中角栄が有名です。彼は大蔵大臣時代、並外れた記憶力を生かし、課長以上の役人の氏名と経歴が書かれた写真付きの調査票で、その情報を頭に叩き込んだそうです。

　また、名前（名字）が思い出せない（あるいは知らない）場合にも、うまく機転を利かせていました。「名前、何だっけ？」と尋ねると、相手は「山田です」などと名字を答えるのが一般的です。そこで、「それは知っている。俺が知りたいのは下の名前だよ」と返せば、ごく自然な流れで名字を知ることができるというわけです。

　私自身は教師になりたての頃、似たような名前の学生が同じクラスに３〜４人いたため、うっかり間違えて呼んだ時、声を荒らげて抗議された苦い経験があります。そのため、クラスでは机の上に名札を置いてもらったり、新学期の最初の課題として、英語による写真付きのプロフィール（英語への抱負、趣味、将来の計画など）の提出を課したりして、学生の名前をできるだけ早く覚えるように努めています。単に「そこの人」とか「前から２番目の眼鏡の人」などと呼ぶのは、その人を一人の人間と認識していないことにもなるからです。

学生一人一人の名前を覚えることで、「あなたはこのクラスの中で重要な人なのですよ」ということが伝わり、やる気を持って授業に取り組んでもらうことにつながります。

　あるクラスで新学期が始まって間もない頃、一人の学生から「先生は僕の名前、もう覚えているんですね」と少し驚かれたことがあります。その学生はうれしそうで、それはやはり、重要感を持ってくれたからだと思います。

　ただ、うれしそうな半面、「しっかり覚えられていたら、悪いことはできないな……」という当惑のようなものも感じられましたが、それは、私の出した「あなたに関心を持っていますよ」というメッセージがしっかり伝わったことを意味します。その意味では、次の 法則28 「相手に興味を示す」 との、合わせ技とも言えます。

---

### 法則28

# 相手に興味を示す
**Become genuinely interested in other people.**
相手に、心から興味を示す。

---

#### 解説

　人は誰でも、他人よりまず自分自身に関心があるもので、他人に対しても「自分に興味を持ってもらいたい」と願っています。そこでカーネギーは、自分から相手

に関心を持つことで相手の心を摑み、その関係をうまく進めることができると提案しています。「あなたに興味がある」ことを示すことが、コミュニケーションの第一歩なのです。その示し方にはいろいろありますが、簡単なものでは前述した、笑顔を見せる、あいさつをする、名前を覚えるなどが挙げられます。

### 原文

【1】You can make more friends in two months by becoming interested in other people than you can in two years by trying to get other people interested in you.

　2年間、自分に興味を持ってもらおうとするより、2ヵ月間、あなた自身が他の人に興味を持つほうが、多くの友人を得ることができる。

【2】It is the individual who is not interested in his fellow men who has the greatest difficulties in life and provides the greatest injury to others.

　人生で最も苦労し、他人を最も傷つける人は、仲間に興味を持たない人である。

【3】If we want to make friends, let's put ourselves out to do things for other people—things that require time, energy, unselfishness, and thoughtfulness.

　友だちを作りたいなら、他の人のために何かをする

ようにしよう。時間、エネルギー、無欲、思いやりが
必要とされることを。

【4】If we want to make friends, let's greet people
with animation and enthusiasm. When somebody
calls you on the telephone, use the same psychology.
Say "Hello" in tones that bespeak how pleased you
are to have the person call.

　友だちを作りたいなら、元気よく気持ちを込めてあ
いさつしよう。誰かから電話があった時、同じ心理を
利用してみよう。その人から電話をもらってどんなに
うれしいかがわかるような声の調子で「こんにちは」
と言おう。

【5】A famous old Roman poet, Publilius Syrus,
remarked: "We are interested in others when they
are interested in us."

　有名な古代ローマの詩人、プブリリウス・シルスは
言った。「相手が私たちに興味を持ってくれた時に、
こちらも相手に興味を持つものだ」

## 語句

| genuinely | individual | fellow |
|---|---|---|
| 誠実に、心から | 個人 | 仲間 |
| **provide** | **injury** | **require** |
| 与える | 危害 | 要求する |

| unselfishness<br>無欲 | thoughtfulness<br>思いやり | animation<br>元気 |
|---|---|---|
| enthusiasm<br>熱意 | psychology<br>心理 | tone<br>声の調子 |
| bespeak<br>示す | pleased<br>うれしい | poet<br>詩人 |
| remark<br>述べる | | |

## エピソード

　カーネギーはこの法則の実例として、ある大手銀行の銀行員が、仕事先の相手の関心が今、何にあるのかを察知したことでビジネスを成功させたエピソードを紹介しています。

　その相手からの情報収集に苦戦していたところ、偶然、その人の息子が珍しい切手を集めていることを知りました。そこで自分の会社の海外部に頼み、送られてきた手紙に使われていた希少価値の高い切手を手に入れてプレゼントしたところ、大いに喜んだ相手は心を開き、情報を教えてくれたという話です。

　このように、たとえビジネスや本題に直接関係のないようなことでも、相手の関心事に興味を示すことで相手の心を摑むことができるというわけです。

　パナソニックの前身・松下電器産業を築き上げ、「経営の神様」と称された松下幸之助といえば、「うちは電気製品を作る会社ではなく、人を作る会社です」との言葉が有名ですが、その部下との接し方には多く

の学ぶところがあります。可能な限り部下とのコミュニケーションを心がけ、よく「○○さんの意見を聞かせて」と尋ねていたそうです。部下といえども、相手に心からの興味を持てるからこそ、この質問ができるわけで、そのことで部下の心を摑み、やる気を起こさせたと言えるでしょう。

　ある年、私のクラスに真面目ではあるものの、発言の少ない、目立たない学生がいましたが、彼女の出したレポートがとても良く書けていたので、強く印象に残っていました。

　そこでクラスが終わった後、たまたま教壇の前を通った彼女に「この前のレポート、内容がとても面白かった」と声を掛けたところ、顔を輝かせて「ありがとうございます」と返事をしました。さらに、「このクラスは学ぶことが多くて、とてもためになります。今学期取っている中で、一番好きなクラスです」と言ってくれたのです。

　私の眼には、その学生がそれほどこの授業を楽しんでいるようには見えなかったので、驚くと同時にとてもうれしく思い、そこからいろいろと話が弾みました。

　私が優秀なレポートを書いた彼女に興味を示したことで、相手も私に打ち解けた対応をとったのでしょう。もし声を掛けなかったら、その学生がこのクラスを取って良かったと思っていることを知ることもできなかったわけで、相手への興味を示し、それを伝えることがコミュニケーションの始まりだと実感することがで

きた、貴重な経験でした。

「相手に興味を示す」ことのひとつの簡単な手段として、私は、こちらから「声を掛ける」ことをすすめています。声を掛けるといっても、あいさつしたり、ちょっと話しかけたり、励ましたり、質問してみたり、といろいろなバリエーションがありますが、自分のほうからすることが肝心です。そのことで、「私はあなたに興味を持っていますよ」と示すことができるからです。

　私が時々行く整骨院の院長先生は、いつも大きな声で患者さんに声を掛けています。

　院長先生の下にスタッフが7〜8人いて、院長先生が患者全員を直接治療するわけではありません。でも患者さんが帰る時には、遠くからでも、自分が他の患者を治療している時でも「○○さん、調子はどう？」「××さん、ストレッチをしっかりしてください」などと、声を掛けています。

「今日、私はあなたの施術を直接担当しませんでしたが、あなたのことはしっかり見ていますよ、責任を持っていますよ」

　そんな関心を示すメッセージを送っているのです。そのことで患者は安心し、「患者として大切にされている」と重要感も持つことができるので、いかにささいな声掛けであっても、相手との信頼感を増す重要な手段と言えます。さらに 法則27 で説明した相手の名前を呼ぶことで、その効果は倍増しています。

## 議論を避ける

**The only way to get the best of an argument is to avoid it.**
議論に最もうまく対処する方法はそれを避けることである。

### 解説

いくら議論で相手を打ち負かしても、相手の考えを根本的に変えることは難しいものです。場合によってはその人との関係が気まずくなることもありますので、最初から「議論などしないほうが賢い」という提案です。

また、カーネギーは相手の間違いをあえて指摘することも避けたほうが無難であるとしています。

原書『HOW TO WIN FRIENDS AND INFLUENCE PEOPLE』の第3章の全体のタイトルは "Twelve Ways To Win People To Your Way Of Thinking."（相手を自分の考えに納得させる12の方法）となっており、この法則はその章のトップに記載されています。まずは議論を避けること、そして、自分の言い分を主張しないことが相手との友好関係を築き、結果的に説得する第一歩になると強調しています。

ただし、ここで誤解していただきたくないのは、議論を避ける＝話し合わない、ということではない点です。カーネギーが言いたいのは、あくまでも自分の意見ばかりを主張して、相手と議論を戦わせるのはよくない、ということです。

ロングマン現代英英辞典によれば、"argue" は、"to

disagree with someone in words, often in an angry way"（言葉で相手に反対する、往々にして怒りを込めて）と定義されています。これに対し、"discuss" の定義は、"to talk about something with another person or a group in order to exchange ideas or decide something"（意見を交換する、または何かを決めるために、他の人やグループとあることについて話す）となっています。カーネギーはdiscussの意味での話し合いを否定しているわけではないのです。

　日本語で「議論を避ける」というと、「最初から話し合わない」と勘違いする人もいるかもしれませんが、そうではなく、相手を攻撃したり「自分が正しい」と主張したりするようなことは避けるということです。

　その意味で、英語で"avoid argument"とそのまま理解するほうが、カーネギーの真意を受け止められます。ここで、私が「はじめに」に書いたことを繰り返すことになりますが、カーネギーのメッセージは、英語で読んだほうがわかりやすい上に、誤解も避けられるのです。

### 原文

【1】Why prove to a man he is wrong? Is that going to make him like you? ... He didn't ask for your opinion. ... Why argue with him? Always avoid the acute angle.

　その人が間違っていると、どうして証明する必要があるのだろうか？　それで彼があなたに好意を持つだ

ろうか？　彼はあなたの意見が聞きたかったのではない。どうして彼と議論をするのか？　鋭く切り込むのは必ず避けよう。

【2】You can't win an argument. You can't because if you lose it, you lose it; and if you win it, you lose it. Why? ... You will feel fine. But what about him? You have made him feel inferior. You have hurt his pride. He will resent your triumph.

議論に勝つことはできない。もし負けたら、それは負けだから、勝てない。そして議論で相手に勝ったとしても、それは負けたことなのだ。どうしてか？　あなたは気分が良いだろう。でも相手はどうだろうか？　あなたはその人に劣等感を抱かせ、プライドも傷つけた。相手はあなたの勝利に憤慨するからである。

【3】A man convinced against his will is of the same opinion still.

自分の意思に反して説得されても、結局その人の意見は変わらない。

【4】If you argue and rankle and contradict, you may achieve a victory sometimes; but it will be an empty victory because you will never get your opponent's good will.

もし、論争したり、攻撃したり、反対したりしたら、

時には議論に勝つこともあるかもしれない。でも、相手に決して好意は持ってもらえないので、それは空しい勝利となる。

【5】Buddha said: "Hatred is never ended by hatred but by love," and a misunderstanding is never ended by an argument but by tact, diplomacy, conciliation, and a sympathetic desire to see the other person's viewpoint.

　ブッダ曰く「憎しみは、憎しみではなく、愛によって、消える」。誤解は、議論では決して解決せず、ちょっとした機転、如才のなさ、和解そして相手の考えに共感したいという願望で消える。

## 語句

| argument / argue | avoid | prove |
|---|---|---|
| 議論(する) | 避ける | 証明する |
| acute | angle | inferior |
| 鋭い | 角度、観点 | 劣って |
| resent | triumph | convinced |
| 憤慨する | 勝利 | 確信した |
| rankle | contradict | achieve |
| 攻撃する | 反対する | 達成する |
| victory | empty | opponent |
| 勝利 | 空しい | 敵 |
| hatred | tact | diplomacy |
| 憎しみ | 機転 | 外交、如才のなさ |

| conciliation | sympathetic |
|---|---|
| 和解、調停 | 同情的な |

### エピソード

　おめでたいパーティの席である参加者が面白い話をした際、間違いを指摘したという経験談をカーネギーは披露しています。

　そこに居合わせた友人が間違えた男性の味方をしたことに不満を抱いていたカーネギーは、その帰り道、友人からこう諭されます。

「君の知識のほうが正しいのはわかっているけれど、あの男の間違いを証明したところで何になる？　議論に勝って、あの男に好かれると思うかい？　相手のメンツのことも考えてあげなくてはいけないし、あの場の楽しい雰囲気を壊さないようにするべきだよ」

　その通りだと反省したカーネギーはこの法則を編み出しました。

　また、カーネギーは、ナポレオンの従者長がジョセフィーヌ妃とビリヤードをする時、自分のほうが腕前は上であるけれども、いつも彼女に勝たせるようにしたという例を紹介しています。そのほうが彼女のご機嫌がとても良くなるからで、結果的には自分にとっても都合が良いからです。

　議論でも「負けるが勝ち」ということがあります。ただ、この法則はいつも効果があるとは言い切れず、実際にこの法則を上手に適用するのは、そう簡単では

ないかもしれません。本当に間違ったことをしていたり、理不尽なことを主張している相手に対してこの法則で接すると、ますます増長しかねません。

　相手や状況によっては「あなたは間違っている」とはっきり指摘し、自分の論拠が正しいと主張しないと、事態が余計にこじれることも大いにあり得ます。

## 法則30
# 友好的に始める
**Begin in a friendly way.**
**なごやかに物事を始める。**

### 解説

　自分が攻撃的な姿勢で臨めば、相手も身構えるものです。しかし、こちらが友好的な態度で接すれば、向こうも同じように態度が柔らかくなることがあります。相手を説得しようと思ったら厳しい批判や攻撃的な態度ではなく、友好的に相手に接することが相手の気持ちをやわらげ、心を開いてもらうことにつながります。

　カーネギーの主張の中で一貫しているのは、「最後に自分がhoney（蜂蜜）を手に入れられるのかどうか」という尺度（　法則5　　原文　【1】参照）に基づき、良い結果に行きつくためにはどの方法が有効かを見極めるということです。その意味でこの法則も、強さより柔らかさが有効なこともあると強調しています。

**原文**

【1】Woodrow Wilson said, "If you come at me with your fists doubled, I think I can promise you that mine will double as fast as yours; but if you come to me and say, 'Let us sit down and take counsel together, and, if we differ from one another, understand why it is that we differ from one another, just what the points at issue are,' we will presently find that we are not so far apart after all, ..."

ウッドロー・ウィルソン（＊第28代米大統領）曰く「もし、あなたが拳を固めて私に向かってくるなら、間違いなく私もより一層拳を固めて対応するでしょう。しかし、『座って、一緒に相談しましょう。たとえお互い意見が異なるとしても、なぜ異なるのか、問題は何かということを理解するようにしましょう』とおっしゃれば、私たちはやがて、それほど意見が違っているわけではないとわかるでしょう」。

【2】If you would win a man to your cause, first convince him that you are his sincere friend. Therein is a drop of honey that catches his heart.

あなたの言い分を納得してもらおうとするなら、まず、あなたがその人にとって「きっと誠実な友人に違いない」と思ってもらうことだ。そこに、人の心を摑む一滴の蜂蜜がある。

【3】The sun can make you take off your coat more quickly than the wind; and kindliness, the friendly approach, and appreciation can make people change their minds more readily than all the bluster and storming ... .

太陽は北風よりも早く外套を脱がせることができる。やさしさや親しみを込めたやり方、感謝のほうが、脅かしたり激怒したりするよりも、すぐに人の心を変えることができる。

【4】Remember what Lincoln said: "A drop of honey catches more flies than a gallon of gall."

リンカーンが言ったことを忘れないように。「大量の苦汁より一滴の蜂蜜のほうがより多くのハエがとれる」

## 語句

| | | |
|---|---|---|
| **fist**<br>拳 | **double**<br>固める | **counsel**<br>相談 |
| **presently**<br>間もなく | **apart**<br>離れて | **convince**<br>確信する |
| **therein**<br>その中に | **kindliness**<br>親切 | **approach**<br>方法 |
| **readily**<br>快く | **bluster**<br>脅かすこと | **storming**<br>激怒すること |
| **fly**<br>ハエ | **gallon**<br>ガロン（液量の単位） | **gall**<br>胆汁、ひどく苦いもの |

　カーネギーは、イソップの寓話でおなじみの北風と太陽の話（the sun and the wind）を紹介しています。太陽のほうが風より早くその外套を脱がせることができる、というわかりやすい例は、キリストが生まれる前からずっと変わらずに、今でも受け継がれている教訓だとしています。

　「上司なのだから、部下には友好的な態度で接する必要はない」と思うリーダーもいるかもしれませんが、怒ったり非難したりすれば、自分の思い通りの結果が得られないことにもなります。

　ソフトバンクグループの創業者・孫正義氏が「怒るのは自分の知恵の足りなさを認めるようなものです」と言っているように、未熟で自信のない人ほど相手を威嚇し、怒りやすくなるのかもしれません。相手を受け入れられる余裕と配慮があれば、友好的な態度で始められるということです。

　ノーベル平和賞を受賞したネルソン・マンデラも、不屈の闘志を秘めつつも「友好的」な姿勢を大切にしていたことが知られています。大勢の黒人たちが白人に殺害され、反白人感情が最高潮に達していた折、群衆を前に演説していたマンデラは突然、後方の白人女性を指して「あそこにいる女性は、私の命の恩人だ」と語ったのです。女性を演台に呼んで抱擁を交わし、刑務所で結核にかかった時、この女性が看病してくれたと説明しました。すると群衆の雰囲気は一変し、復讐を求める

声は歓声へと変わったそうです。このようにマンデラは、白人への憎しみや復讐ではなく、「和解」の重要性を常に強調していたのです。

また、非暴力を掲げてインドの独立運動を主導したガンディーも"In a gentle way, you can shake the world."（やさしく穏やかなやり方で、あなたは世界を揺り動かすことができる）と言って、強硬で高圧的なやり方よりも穏やかで友好的なやり方のほうが効果的だと説いていました。

エレノア・ルーズベルト（第32代米大統領フランクリン・ルーズベルトの妻で、女性運動家）も次のような名言を残しています。

"Anger is one letter short of danger."（怒りは危険より、一文字足りないだけ）

一文字違い、つまり、隣り合わせの状態ということで、怒りはちょっと間違うと危険なことになりますよ、という警告です。この"anger"と"danger"のように発音やスペリングの似ている言葉を組み合わせることを英語ではpun（語呂合わせ）と言いますが、うまく怒りの危険性を表現しています。

# 自分の間違いをきっぱりと認める

**If you are wrong, admit it quickly and emphatically.**
もし自分が間違っていたら、素早く、きっぱりと認める。

## 解説

　自分が間違っているとわかったら、自己弁護を並べたり苦しい言い訳をするより、潔く自分の誤りを認めるほうが結果は好転するし、自分の印象も良くなるというものです。面白いことに自分のほうから間違いを認めると、相手はそれを非難するどころか、理解を示したり擁護してくれたりすることもあるのです。

　カーネギーによると、この自分の間違いを潔く認めるやり方は好結果をもたらすだけでなく、自己防衛するよりも、そのプロセスを楽しむことができる方法だとしています。

　カーネギーは相手を味方につける方法をいくつか紹介していますが、この法則もそのひとつです。

## 原文

【1】That policeman, being human, wanted a feeling of importance; so when I began to condemn myself, the only way he could nourish his self-esteem, was to take the magnanimous attitude of showing mercy.

　警察官といえども人間、重要感がほしかったのだ。そこで、私が自分を非難し始めると、彼としては私に情け

を見せて寛大な態度を取るしか自尊心を満たす方法は
なかったのだ。

【2】Immediately he started to defend me. "Yes, you're right, but after all, this isn't a serious mistake."

　すぐに彼は私を擁護し始めた。「はい、確かにそうだ。でも、結局のところ、これは重大な間違いではないよ」と。

【3】My eagerness to criticize myself took all the fight out of him. He ended up by taking me to lunch; and before we parted, he gave me a check and another commission.

　私が熱心に自己批判したので、彼の戦意は削がれたのだ。最後には私を昼食に誘い、別れ際に小切手をくれ、新しい注文までしてくれたのだ。

【4】Remember the old proverb: "By fighting you never get enough, but by yielding you get more than you expected."

　古いことわざを思い出してごらんなさい。「ケンカをして得るものは少ないが、負ければ、思いがけないほどたくさん得ることができる」

【5】Instead of breaking lances with him, I admitted that he was absolutely right and I was absolutely wrong; I admitted it quickly, openly, and with enthusiasm. The affair terminated graciously by my taking his side and his taking my side.

　槍で戦う前に、彼が全く正しく、すべて自分が悪いと私は認めた。すぐに、潔く、熱意を込めて認めたのだ。その件は、私が彼の立場になり、彼が私の立場になることで、円満に収まった。

【6】When we are right, let's try to win people gently and tactfully to our way of thinking; and when we are wrong—and that will be surprisingly often, if we are honest with ourselves—let's admit our mistakes quickly and with enthusiasm.

　こちらが正しい時は、やさしく上手にこちらの考えに納得してもらうようにしよう。そして、もし間違っている時は——正直にいうと、それはびっくりするほどよくあることだが——すぐに熱意を込めてこちらの間違いを認めよう。

### 語句

| | | |
|---|---|---|
| **admit**<br>認める | **emphatically**<br>断固として、強く | **nourish**<br>育てる |
| **self-esteem**<br>自尊心 | **magnanimous**<br>心の広い | **mercy**<br>情け |
| **immediately**<br>すぐに | **defend**<br>守る | **after all**<br>結局 |

| eagerness<br>熱心 | part<br>別れる | check<br>小切手 |
| --- | --- | --- |
| commission<br>注文 | proverb<br>ことわざ | yield<br>譲歩する |
| lance<br>槍 | absolutely<br>全く | terminate<br>終わる |
| graciously<br>丁寧に、円満に | gently<br>やさしく | tactfully<br>如才なく |
| surprisingly<br>驚くほど | | |

　この法則は、2010年、iPhone 4 の持ち方が悪いと通話が切れてしまうという、アンテナ欠陥疑惑の記者会見の冒頭で、スティーブ・ジョブズがはっきりとミスを認める発言をした時のことを思い出させます。

「われわれは完璧ではない。電話も完璧ではない。私たちもあなた方もそのことはわかっている。それでも私たちは、すべてのユーザーをハッピーにしたい」

　彼はそう言った後、iPhone4のすぐれた点を強調し、対応策を明確に提示しました。すべてのユーザーに、手がアンテナに触れるのを防ぐケースを無償で配布し、それでも不満な人には手数料なしで全額払い戻しに応じるというものでした。その結果、ほとんどのユーザーを納得させることができたと言われています。

　これに対し2015年、横浜で傾きマンションの問題が発覚した時の大手不動産会社の社長や役員の対応

は、この法則のいわば逆をいくものでした。杭打ち工事に原因があったのですが、「東日本大震災の影響」として責任を回避し、自分たちの過失を認めようとせず、言い逃れに終始したのです。この誠意のない無責任な対応が住民の怒りを買い、世間からも非難され、その会社の信用は失墜しました。「間違いをきっぱりと認める」ことをしないのは不誠実、さらには不正と受け取られかねないので、リーダーとしては致命的なことになるのです。

『マネジメント』（ダイヤモンド社）などの著書で知られる経営学者のピーター・ドラッカーは次のように語っています。

「すぐれた者ほど間違いは多い。それだけ新しいことを試みるからである。一度も間違いをしたことのない者、それも大きな間違いをしたことのない者をトップレベルの地位に就かせてはならない。間違いをしたことのない者は凡庸である。その上、いかにして間違いを発見し、いかにしてそれを早く直すかを知らない」

間違いを犯して、それを発見し、素早く対処するという経験を積まなければ、すぐれたリーダーにはなれないということです。

小説家の村上春樹さんも「過ちを進んで認める勇気さえあれば、だいたいの場合取りかえしはつく」とカーネギーと同様、間違いを認めることの重要性を指摘しています。大事なのは、間違いに早く気づき、悪い点を認めることでさらに良いものをめざし、成長して

いくことです。

　カーネギー自身も自分の間違いをきっぱりと認める
タイプの人だったようです。ワッツによると、「私が
犯した愚かな過ち」というファイルを作り、自分がし
た失敗や過ちを書きとめていたのです。とりわけ、他
人の気分を損ねたり、自尊心を傷つけたりしたかもし
れない言動を反省していたそうです。そのような自分
の行動を踏まえて、他人にもそれを推奨していたのか
もしれません。

## 第5章のポイント

いつも笑顔で相手の名前を覚え、相手への関心を忘
れず友好的に。

# 第6章

# 幸せな家庭を築くための法則

⇒現代の家庭生活にも十分通用する、でもうっかりすると忘れがちな、実践的なアドバイスばかりです。

　この章の法則に共通しているのは、相手を変えようとせず、そのまま受け入れることが円満な家庭生活のコツであり、家族だからといって甘えることなく、他人にするような配慮や思いやりを忘れないということです。

　カーネギー自身、最初の結婚生活は10年で終えているということもあり、自身の経験を踏まえてこの法則を作り出したのかもしれません。そうした意味でも、それぞれのアドバイスには説得力があります。

# 口うるさくしない

**Don't nag.**
口うるさくしない（いちいち小言を言わない）。

### 解説

　相手に良かれと思って注意したり文句を言ったりしたところで、その人が変わるとは限りません。口うるさく言われるほうにしてみれば、うんざりするのも当然です。やがて相手のことも嫌いになり、関係が悪化するので、口うるさくするのは避けたほうがいい、というアドバイスです。

　自分が相手の立場になって考えてみると、そのことはよくわかるはずです。自分でも「悪いこと」とわかっているからこそ、いちいち細かいことについて小言を言われれば、いい気持ちはしません。

　くつろぎたい場所であるはずの家庭だからこそ、避けなくてはいけないものとして、この"nag"をカーネギーはあげています。

　第2章でも説明したように、カーネギーは、相手を変えることはほぼ不可能だと考えているので、いくら小言を繰り返したところでそれは徒労にすぎず、結局は結婚の墓場を自ら掘っている、という皮肉的な言い方をしています。

　一般的に世界三大悪妻といえば、ソクラテス、モーツァルト、トルストイの妻が知られていますが、カーネギーは口うるさい妻に悩まされた不幸な夫として、

3人の偉人——ナポレオン3世、トルストイ、そして
リンカーン大統領を紹介しています。

　もちろんこの世には口うるさい夫に悩まされる妻も多
くいるはずです。そして、子供に対しても、細かいこと
でいちいち叱る親もいます。夫にしろ、妻にしろ、親に
しろ、相手にいつも文句を言っていると、「結局は自分
が嫌われますよ」という警告です。

### 原文

【1】The great tragedy of Abraham Lincoln's life also
was his marriage. Not his assassination, mind you,
but his marriage. ... For almost a quarter of a century,
Mrs. Lincoln nagged and harassed the life out of him.

　アブラハム・リンカーンの人生最大の悲劇は、その
結婚だった。暗殺されたことではなく、なんと、その
結婚生活だった。約四半世紀の間、リンカーン夫人は
夫に小言を言い続け、彼を苦しめ続けた。

【2】His wife was always complaining, always
criticizing her husband; nothing about him was ever
right. ... Did all this nagging and scolding and raging
change Lincoln? In one way, yes. It certainly changed
his attitude toward her. It made him regret his
unfortunate marriage, and it made him avoid her
presence as much as possible.

　彼の妻はいつも不平を言い、夫を批判し続けてい

た。夫がしていることはすべて正しくなかったのだ。このようにうるさく文句を言い続けて叱責し、怒りをぶつけることでリンカーンを変えることができたのか？　ある意味ではそうとも言える。妻への態度が変わったことは確かだ。口うるさくされたことでリンカーンは自分の不幸な結婚を後悔し、妻とできるだけ顔を合わさないようになった。

【3】The reader may feel that the wife of Tolstoi had much to nag about. Granted. But that is beside the point. The question is: did nagging help her, or did it make a bad matter infinitely worse?

　読者のみなさんは、トルストイ夫人にも口うるさくする理由がたくさんあったと感じるかもしれない。確かに。しかし、それは別問題だ。ポイントは、口うるさくしたことで彼女にとって事態が良くなったのか、それとも悪い状況が延々とさらにひどくなったのか、ということだ。

【4】Such are the results that Mrs. Lincoln, the Empress Eugénie, and Countess Tolstoi obtained by their nagging. They brought nothing but tragedy into their lives. They destroyed all that they cherished most.

　これが、リンカーン夫人やユージーン皇后やトルストイ伯爵夫人が、小言を言い続けた結果、得たもの

だ。常に口うるさく文句を言うことで、自分たちの生活をまさに悲劇にしてしまった。自分たちが大切にしていたものを全部壊してしまったのだ。

【5】One of the chief reasons men leave home is because their wives nag. ... Many a wife has made her own marital grave with a series of little digs.

（*ある家庭裁判所の判事によれば）夫が家を出る主な理由のひとつは、妻の小言である。（*ボストン・ポストが書いているように）妻の多くは、自分の結婚の墓場を少しずつ掘っている。

### 語句

| nag<br>しつこく小言を言う | tragedy<br>悲劇 | assassination<br>暗殺 |
|---|---|---|
| mind you<br>いいかね(注意を促す) | quarter<br>4分の1 | century<br>世紀 |
| harass<br>苦しめる | scold<br>叱る | raging<br>激怒すること |
| regret<br>後悔する | unfortunate<br>不幸な | avoid<br>避ける |
| presence<br>存在 | granted<br>確かに | beside the point<br>別問題の |
| infinitely<br>無限に、非常に | empress<br>皇后 | countess<br>伯爵夫人 |
| obtain<br>得る | destroy<br>破壊する | cherish<br>大切にする |
| chief<br>主な | marital<br>結婚の | grave<br>墓場 |

**エピソード**

**原文** 【1】と【2】で説明しているように、大統領として偉大な功績を残したリンカーンでしたが、口うるさい妻のために、家庭では不幸な夫でした。彼の妻は常に、夫に不満をぶつけ、批判し、あらゆることに文句をつけたため、彼はその不幸な結婚を後悔し、妻をできるだけ避けるようになり、ついにはほとんど家に帰らなくなりました。結果的には、夫の心が離れていくことになったわけです。ワッツの評伝によると、カーネギー自身も最初の結婚では口うるさい妻に悩まされていたそうで、なるほど、この章でのリンカーンの結婚生活に関する記述には、彼への同情のようなものが感じられます。

いっぽう、妻に小言を言われ続けたトルストイは、こんな言葉を残しています。

"When you love someone, you love the person as they are, and not as you'd like them to be."（人を愛する時は、「こういうふうになってほしい」と願うのではなく、その人のありのままを愛することだ）

彼が直面していた実態とは全く正反対のことですが、これは彼の願望から生まれた格言なのかもしれません。

小言の多いパートナーが相手の健康に及ぼす影響に

ついて、コペンハーゲン大学の研究チームの興味深い報告があります。以下のようなタイトルを掲げ、カーネギーが結婚生活で「してはいけないこと」としている"nag"を取り上げています。

"You really can be nagged to death! 'Excessive demands' from partners can double risk of dying during middle age."

（口うるさくされると、本当に死に至る！　パートナーからの過度な要求は、中年期に死ぬ可能性を2倍にする）

これは36〜52歳の男女約1万人を対象とする、11年にも及ぶ大規模なアンケート調査でした。アンケートでは、「日常生活で誰とケンカすることが多いですか？」「その人物からの要求が過多だと感じますか？」といった質問がされています。その結果、口うるさいパートナーを持つ男性は早期死亡の確率が増大するということがわかりました。口論や心配によって生じるストレスは心臓疾患や免疫力の低下、高血圧などを誘発し、早期死亡の原因になるとのことです。

この調査は2014年に行われたものですが、カーネギーは1930年代の時点ですでに夫婦間における"nag"の危険性を指摘していたことになります。パートナーと末永く暮らしたいと思うなら、がみがみ言わずに相手を受け入れるのが良いということでしょう。

# 相手を変えようとしない

**Don't try to make your partner over.**
相手を作り変えようとしない。

## 解説

　相手を自分の尺度で変えようとせず、あるがままに受け入れることが夫婦円満のコツだとカーネギーは強調しています。これは、前述の 法則32 と重なる部分がありますが、相手のある面を変えようと思って小言を言うのではなく、相手をそのまま受け入れることが大事だという法則です。

　ここでもカーネギーは「人間は変わらない」という前提のもと、相手を変えようとするのはあきらめましょう、と言っているのです。

　変わることのない相手を自分の思い通りに変えようとしてストレスをためるぐらいなら、相手をそのまま受け入れて心穏やかに暮らしたほうがいいということです。

## 原文

【1】No matter how silly or scatterbrained she might appear in public, he never criticized her; he never uttered a word of reproach.

　彼女（*イギリス元首相ディズレーリの妻）が人前でどんなに愚かで軽率にみえても、彼（*ディズレーリ）は決して批判することはしなかった。いっさい非難がまし

いことは言わなかった。

【2】Mary Anne wasn't perfect. But Disraeli was wise enough to let her be herself.

　メアリー・アン（＊ディズレーリの妻）は完璧ではなかった。しかし、頭の良いディズレーリは彼女を好きなようにさせていた。

【3】As Henry James put it: "The first thing to learn in intercourse with others is noninterference with their own peculiar ways of being happy … ."

　ヘンリー・ジェームズ（＊小説家）も言っている。「人との付き合いについて、まず学ばなくてはいけないのは、その人独自の幸せの感じ方に干渉しないことだ」

【4】Success in marriage is much more than a matter of finding the right person; it is also a matter of being the right person.

　うまくいく結婚というのは、ふさわしい人を見つけるかどうかよりも、自分がふさわしい相手になるかどうかということだ。

## 語句

| make ~ over | silly | scatterbrained |
| --- | --- | --- |
| 作り変える | バカな | 軽率な |

| appear | utter | reproach |
|---|---|---|
| 〜のように見える | 述べる | 非難 |
| let | intercourse | noninterference |
| 〜させておく | 交流、付き合い | 干渉しないこと |
| peculiar | | |
| 特有の、独特な | | |

### エピソード

**原文**【1】で示しているように、イギリス首相だったディズレーリは、妻のメアリー・アンを批判したりとがめたりすることはありませんでした。

その結果、二人はお互いを認めて尊重し合い、常に会話があり、彼は妻に決して退屈しなかったそうです。ディズレーリは「妻が自分にとって一番大事な人だ」と公言して憚らず、妻も「夫のおかげで人生が幸せ続きだった」と話していました。相手を変えようとせず、そのままを受け入れることで幸せな結婚生活を築いたお手本と言えます。

2020年2月に亡くなったプロ野球元監督の野村克也氏は、2010年「いい夫婦の日　パートナー・オブ・ザ・イヤー」の発表会見で夫婦円満のコツを聞かれた際、「お互いに見て見ぬふり」と答えていて、妻の沙知代さんも同じ回答だったそうです。相手の欠点が気になったり注意したくなったりしても、見て見ぬふりをし、相手を受け入れることで仲良く暮らせるのでしょう。

フランスの哲学者モンテーニュも、

"A good marriage would be between a blind wife and a deaf husband."（良い結婚とは、目の見えない妻と耳の聞こえない夫の組み合わせである）

とユーモアを込めて言っています。

さらに言えば、ベンジャミン・フランクリンも、

"Keep your eyes wide open before marriage, half shut afterwards."（結婚する前は、大きく目を開けて相手を見て、結婚後は半分目を閉じて相手を見なさい）

という名言を残しているように、完璧を求めず、寛容の精神で相手と接することが、円満な結婚生活の秘訣のようです。

そして、世間や他人がパートナーのことを何と言おうと、自分にとってその人がかけがえのない人であればディズレーリのように気にしない、信念の強さも大事です。

---

### 法則34
## 相手に求めすぎず、批判しない
**Don't ask too much and don't criticize.**
相手に期待しすぎず、批判しない。

---

### 解説

第2章にも「批判はやめよう」という法則はあげられていましたが、カーネギーは幸せな家庭を築く原則として、再度、これを強調しています。

この法則は、 法則32 「口うるさくしない」、 法

則33 「相手を変えようとしない」、と根本的には同じ
です。相手を受け入れること、相手の考え方を尊重す
ることが家庭生活には不可欠なのです。何かを求める
と、相手がそれをしなかった場合、がっかりして不満
や批判を言いたくなるものです。最初から相手に期待
しなければ相手を責める気持ちもおきません。

　また、子供に対して期待しすぎたり、大人の基準か
ら判断したりすると、叱ることが多くなりますが、子
供はまだ子供で、大人ではないということを忘れない
ことが大事だとカーネギーは指摘しています。

### 原文

【1】Gladstone, a formidable enemy in public, never
criticized at home. ... Diplomatic, considerate, he
rigorously refrained from domestic criticism.

　公の場では、手ごわい論敵だったグラッドストン
(*イギリス元首相) も、家では批判することがなかった。
愛想よく、思いやりを持って接し、家族には批判しな
いということを徹底していた。

【2】Dorothy Dix, America's premier authority on the
causes of marital unhappiness, ... she knows that one
of the reasons why so many romantic dreams break
up on the rocks of Reno is criticism—futile,
heartbreaking criticism.

　アメリカにおける家庭不和の原因研究の第一人者ドロ

シー・ディックスは、たくさんのロマンティックな夢が破れて離婚に至るひとつの理由が、批判——不毛で胸が張り裂けるような厳しい批判だと、理解している。

【3】The habit of finding fault, of reprimanding—this was my reward to you for being a boy. It was not that I did not love you; it was that I expected too much of youth. It was measuring you by the yardstick of my own years. ... I am afraid I have visualized you as a man. Yet as I see you now, son, crumpled and weary in your cot, I see that you are still a baby. ... I have asked too much, too much.

　常に悪いところを見つけて叱りつけるのが習慣になってしまっていた——ほんの子供にすぎない君にこんなことをしていたとは。(*いつも叱っていたのは) 君を愛していなかったからではないんだよ。小さい子に向けて期待しすぎただけなんだ。私自身の年齢を基準にして君を判断していたのだ。君を一人の大人として見てしまっていた。でも息子よ、今小さなベッドの中で体を丸めて疲れきって寝ている君を見ていると、まだ赤ちゃんだということがよくわかる。君に期待しすぎてしまったのだ。

## 語句

| formidable | enemy | diplomatic |
|---|---|---|
| 手ごわい | 敵 | 社交的な |

| considerate 思いやりのある | rigorously 厳しく | refrain from 〜を控える |
|---|---|---|
| domestic 家庭内の | premier 最高の | authority 権威 |
| marital 結婚の | Reno リノ。ネバダ州の都市名で、〝離婚の町〟として知られている | heartbreaking 胸がはりさけそうな |
| reprimand 叱責する | reward 報い | youth 若さ |
| measure 測る | yardstick 物差し、基準 | visualize 心に描く |
| crumpled 丸められた | weary 疲れた | cot 幼児用ベッド |

## エピソード

　イギリスで長年、政敵同士だったディズレーリとグラッドストンは常に激しく意見を戦わせてきましたが、二人に共通していたのは、ともに大変幸せな家庭生活を送っていたことだとカーネギーは記しています。二人とも、家族を批判したりすることはなかったそうです。

　また、子供を叱ったり批判したりすると、子供が親から愛されていないと誤解されかねないので、注意が必要だとしています。特に小さな子供は、親が子供のためを思って注意したり叱ったりしていることをよくわかっていません。叱られると、自分が嫌われていると不安になる子供もいます。

　原文【3】で、カーネギーは「Father Forgets」

（父は忘れる）という、当時、アメリカの多くの人々の心を打った、父からまだ小さい息子へあてた手紙を紹介しています。

その手紙の中で父は、その子を大人のように見て期待しすぎていたこと、自分の尺度で息子の行動を判断、チェックし、小言ばかり言っていたことを反省しています。

もちろんその子を愛していることは確かなのですが、それを叱ることでしか表すことができなかったのです。

でもそんな厳しい父に、その子は駆け寄ってキスをしたことで、その愛あふれる行動に、自分の間違いを悟ります。そして、それからは良いお父さんになり、「まだその子が幼児ということを忘れないようにしよう」と誓ったのです。子供のしつけに熱心なあまり、「愛情を表すことを忘れてはいけない」という父の自戒のメッセージが、広く人の心を捉えたのでした。

マザー・テレサが、

"If you judge people, you have no time to love them."（人を判断していると、人を愛する時間がなくなります）

と言っているのは、この父親のしていたことを表しています。相手を判断、それも自分のものさしで判断すると、一番大事な愛が見えなくなってしまいます。パートナーでも子供でも、相手に期待しすぎず、その人のありのままを受け入れることで、自分の懐の深さを見せられ、家族間の余計な摩擦も避けることができます。

# 相手の良さを認めてほめる

**Give honest appreciation.**
心から相手の良さを認めてほめる。

## 解説

　この法則は第1章の 法則2 「**相手の良いところを
認めてほめる**」とほぼ同じですが、それを繰り返すと
いうことは、カーネギーが、"appreciation"が公の
場であろうと家庭の中であろうと、人間関係において
とても重要であると確信しているからです。

　自分の良いところをわかってもらうことは、古今東
西を問わず、老若男女誰でもうれしいものです。相手
の良さを認め、それを率直にあなたが伝えれば、相手
はそれを認めてくれた人（＝あなた）に信頼感を持つよ
うになり、自信を持つようになります。それがお互い
の関係をより深く豊かなものにしてくれるのです。

　この法則は家庭内だけでなく、すべての人間関係
を円滑にすすめる根本的なものですが、特に結婚生
活においては見過ごされがちなので、カーネギーは
"appreciation"の重要性を強調しています。「家族＝
身内なのだから、わざわざ"appreciation"なんて大
げさなことを言わなくてもいいのではないか」などと
思わず、「あなたは私にとって大事な家族」というメ
ッセージを送りましょう。重要感を持ってもらうため
に、家族だからこそ"appreciation"が必要なのです。

**【1】**Men should express their appreciation of a woman's effort to look well and dress becomingly. All men forget, if they have ever realized it, how profoundly women are interested in clothes.

　男性は、女性が美しく見せようとしたり、すてきに装おうとしたりする努力を認めなければならない。以前は認識していたとしても、男性はみな、女性が着るものについていかに深い関心を寄せているか、忘れている。

**【2】**Why not have as much consideration for your wife? The next time the fried chicken is done to a tender turn, tell her so. Let her know that you appreciate the fact—that you're not just eating hay.

　奥さんに配慮を示してみよう。今度フライドチキンが柔らかく仕上がっていたら、そう言ってみよう。そのことにあなたが感謝していることを知らせよう。干し草を食べているわけではないことを。

**【3】**Don't be afraid to let her know how important she is to your happiness. Disraeli was as great a statesman as England ever produced; yet, as we've seen, he wasn't ashamed to let the world know how much he "owed to the little woman."

　奥さんがあなたの幸せにとっていかに大切であるか

を伝えるのをためらわないでください。ディズレーリはイギリスの非常にすぐれた政治家だったが、よく知られているように、自分があるのは〝愛妻のおかげ〟と世間に公表して憚らなかった。

【4】If a woman is to find happiness at all in her husband, she is to find it in his appreciation and devotion. If that appreciation and devotion is actual, there is the answer to his happiness also.

　女性がもし少しでも自分の幸せを夫に求めるなら、夫に感謝され尽くされることに幸せを感じるものだ。そして実際に夫がそうすれば、夫もまた幸せになれる。

【5】Where should you and I begin applying this magic touchstone of appreciation? Why not begin right at home? I don't know of any other place where it is more needed—or more neglected. Your wife must have some good points—at least you once thought she had or you wouldn't have married her. But how long has it been since you expressed your admiration for her attractions? How long????

　あなたも私も、この相手の良さを認めるという魔法の試金石をどこで使い始めるべきだろうか？　まず家庭で使ってみようではないか？　家庭ほどこれが必要で、かつ、ないがしろにされているところを私は知らない。あなたの妻にはきっといくつか良いところがあ

るはずだ──少なくとも、あなたも以前はそう思って
いたし、そうでなかったら結婚しなかっただろう。でも、彼女の魅力がすばらしいと伝えなくなってから、どのくらい経つだろうか？　いったいどのくらい長い間？？？？

【6】Praising a woman before marriage is a matter of inclination. But praising one after you marry her is a matter of necessity──and personal safety.

　女性をほめるのは、結婚前は気の向いた時でよいが、結婚後は必ずしなくてはいけないことだ。自分の安全のためにも。

**語句**

| effort<br>努力 | becomingly<br>似合って | profoundly<br>深く |
|---|---|---|
| consideration<br>配慮 | tender<br>やわらかい | hay<br>干し草 |
| statesman<br>政治家 | ashamed<br>恥じ入って | owe to<br>〜のおかげである |
| little woman<br>女房 | devotion<br>献身、専念 | actual<br>実際の |
| touchstone<br>基準 | neglect<br>怠る | admiration<br>賞賛 |
| attractions<br>魅力 | inclination<br>好み | safety<br>安全 |

## エピソード

　アメリカの結婚生活アドバイザーのシェリ・ストゥリトフは、ウェブサイトに寄稿した記事"The Importance of Compliments in a marriage"（結婚生活でのほめ言葉の重要性）の中で、「心を込めて相手をほめたり励ましたりすると、いろいろなことが達成されます。相手の自信も高まるし、自分の自尊心も強まります」と述べています。ほめられるということは、相手に認められているという証になるのです。そして、さらに、「**毎日最低1回は結婚相手にほめ言葉をかけましょう**」とアドバイスしています。

　自分の良いところに気がついてもらえたり、ほめられたりするのは、男性でも女性でもうれしいものですが、女性のほうがほめる回数が多いようです。男女のコミュニケーションの違いを研究したアメリカの社会言語学者デボラ・タネンは次のように説明しています。"a world of connections"（結びつきの世界）に住んでいる女性にとっては"intimacy"（親密）が重要である一方、"a world of status"（地位の世界）に住んでいる男性は"independence"（自立）を重んじます。女性は相手との距離を縮めるべく、相手への共感を示すコミュニケーションスタイルを好むので、相手をほめることがより多くなると考えられます。そういう理由から、男性のほうからほめるのはなかなか難しいかもしれませんが、たとえば「この料理はおいしいね」などといった、気軽なほめ言葉から始めてみるといいでし

ょう。

　料理研究家のコウケンテツさんも、「妻はとっても
ほめ上手なんです。仕事でも育児でも、効果的にほめ
てくれます。がんばろうという気持ちになりますし、
僕も妻をほめたくなります。良い循環が生まれるんで
すよね」と言って、夫婦間でほめ合うことの大切さを
強調しています。とりわけ日本人は、夫婦同士、親子
の間では、ほめることに躊躇したり恥ずかしがったり、
口に出さなくてもわかると思ったりしがちなので、こ
の法則は特に大事と言えるでしょう。

　また、第1章の 法則4 「少しの進歩でもほめ、ほめ
ることを惜しまない」でも触れたように、親が子供を
ほめることは、子供が自信を持って成長するのにとて
も重要です。アメリカでは親は子供をほめまくってい
て、ほめすぎることの弊害もあるかもしれませんが、
小さい時から重要感を培うことは大事なことです。

　"appreciation"は、第1章の 法則2 「相手の良い
ところを認めてほめる」でも説明したように、ほめる
だけではなく、相手への感謝や気づき、労いなどの言葉
も含まれるので、ほめるのを躊躇している人はそれなら
言いやすいかもしれません。家族からのそうした
"appreciation"が多いほど、相手はより重要感を持つ
ことができ、家庭内のコミュニケーションがスムーズ
になります。

# ささやかな気配りを忘れない

**Pay little attentions.**
ちょっとした心遣いをする。

## 解説

　"attention"は注意という意味もありますが、この場合は、思いやり、気配り、心遣いという意味合いです。カーネギーによると、それはその人のことを考えている、愛しているということを示すものです。

　つまり、カーネギーが常に強調しているように、「あなたは大切な人」というメッセージを送ることです。感謝、労い、あいさつなど、いろいろなかたちでの表現が可能ですが、それを忘れずにするということが大事です。

　毎日、顔を合わせる家族だからこそ、小さな心配りが大切なのですが、それを忘れていると大きな問題に発展するとカーネギーは警鐘を鳴らしています。

　他人に対してはちゃんとしている気遣いを、夫婦間や親子間ではいい加減にしている人が多いようですが、一緒に生活しているからこそ、そういう配慮が必須となります。

## 原文

【1】The meaning of little attentions is this: it shows the person you love that you are thinking of her, that you want to please her, and that her happiness and welfare are very dear, and very near, to your heart.

　ささやかな気配りとは、自分にとって大切な人に次のことを示すことである。「君のことを考えていて、君を喜ばせたいし、君の幸福がとても大事で気にかかっている」

【2】Trivialities are at the bottom of most marital unhappiness.

　ごくささいなことが、ほとんどの不幸な結婚の原因になっている。

【3】Too many men underestimate the value of these small, everyday attentions.

　こういう小さな、毎日の気配りの大切さをわかっていない夫が多すぎる。

【4】Robert Browning, whose life with Elizabeth Barrett Browning was perhaps the most idyllic on record, was never too busy to keep love alive with little tributes and attentions.

　ロバート・ブラウニング（＊英国のヴィクトリア朝最大の詩人。妻も詩人だったが、病弱だった）のエリザベス・バレット・ブラウニングとの生活は、おそらく史上最も牧歌的で、どんなに忙しくてもいつも愛情を示し、ささやかな尊敬の念や心配りを忘れることはなかった。

| attention | please | welfare |
|---|---|---|
| 配慮 | 満足させる | 幸福 |

| dear | near to heart | trivialities |
|---|---|---|
| 貴重な | 大切な | ささいなこと |

| at the bottom of | marital | underestimate |
|---|---|---|
| 〜の原因 | 結婚の | 過小評価する |

| value | idyllic | on record |
|---|---|---|
| 価値 | 牧歌的な | 記録されて |

| tribute | | |
|---|---|---|
| 尊敬 | | |

## エピソード

　日本人は、他人に対しては配慮をしたり気をつかったりする人が多いのですが、家族同士だとそういう小さな気配りをサボりがちです。これまで述べてきたように、感謝や労いを口に出すことはとても大切で、それを示されると示されないとでは、大きな違いがあります。

　日本の文化として、以心伝心というものがありますが、「こんなこと、わざわざ言わなくてもわかっているだろう」などと思わず、「してもらってうれしい」あるいは「助かっている」という意思表示を、はっきりするべきでしょう。

　「ありがとう」「すみません」「ごめん（なさい）」「お疲れさま」「お先に」など、日本語にはささやかな気配りを示す言葉がたくさんあります。特に男性の場合、

「いまさら、わざわざそんなことを言うのは照れ臭い」という気持ちがあるかもしれませんが、その小さな気づかいが、大きな効果をもたらすのは確かです。

　欧米では、日本よりも、家族間でも感謝の気持ちをはっきり表現することが多いように思いますが、それにもかかわらずカーネギーがこのようなアドバイスをしているということは、いかにそれが家族間のコミュニケーションにおいて大切かということです。

　パートナーから結婚記念日のプレゼントをもらう際、プレゼントと一緒にもらえるとうれしいセリフについて、大和ネクスト銀行が1000人を対象にアンケートをとっています。その結果「ありがとう／いつもありがとう」(343件) が、「これからもよろしく」(65件)、「愛してる」(26件) に大きな差をつけて、トップとなりました。男女ともに一番言ってもらいたい言葉が「ありがとう」ということは、記念日だけでなく、普段からささやかな気配りとして「ありがとう」と頻繁に声をかけることが、家庭内での摩擦を減らすことになるでしょう。

　マザー・テレサもこんな言葉を残しています。
"What can you do to promote world peace? Go home and love your family." (世界平和のために何ができますか？　家に帰って家族を愛することです)

# 親しき中にも礼儀あり

Be courteous.
礼儀を忘れない。

## 解説

"courteous"を英和辞書でひくと、礼儀正しい、という意味が出てきますが、これはただの形式的な礼儀以上のものを示しています。ロングマン現代英英辞典に"polite and showing respect for other people"と定義されているように、相手への思いやりがあって丁寧で敬意を払う、ということです。家族だからといって、ぞんざいな対応をしたり自分勝手で無礼な言動をしたりすれば、相手を傷つけることになるでしょう。"be courteous"は、「相手が大切な存在であることを示しましょう」という法則なのです。

そのためにもいくら家族同士とはいえども、思いやり、感謝、労い、謝罪は、はっきりと口に出して伝え、過度に甘えたり頼ったりするのは控え、適度な距離感を保つことが肝要です。

## 原文

【1】Courtesy is just as important to marriage as oil is to your motor.

機械に油が必要なように、相手への礼儀は、結婚生活において重要である。

【2】If young wives would only be as courteous to their husbands as to strangers! Any man will run from a shrewish tongue.

　若い妻たちが他人に対するように、夫にも配慮があるといいのだが。どんな男性でも、がみがみ言われれば逃げ出したくなる。

【3】Rudeness is the cancer that devours love. Everyone knows this, yet it's notorious that we are more polite to strangers than we are to our own relatives.

　失礼な態度は、愛を侵食していくがんのようなものだ。それは誰でもわかっていることだが、私たちが自分の身内より、他人にはもっと丁寧に接していることは、よく知られている。

【4】We wouldn't dream of interrupting strangers to say, "Good heavens, are you going to tell that old story again!"

　私たちはまさか、他人が話している最中に口を挟み、次のようなことを言うことはない。「あら、また同じ話の繰り返しですか？」と。

## 語句

| courtesy | motor | stranger |
|----------|-------|----------|
| 礼儀 | 機械 | 他人 |

| | | |
|---|---|---|
| **shrewish**<br>口うるさい | **tongue**<br>舌、話しぶり | **rudeness**<br>無礼 |
| **cancer**<br>がん | **devour**<br>むさぼり食う | **notorious**<br>（悪いことで）有名な |
| **relative**<br>親類、身内 | **interrupt**<br>さえぎる | **good heavens**<br>あら、おやまあ<br>（驚きの間投詞） |

**エピソード**

　小説家の宇野千代さんによれば、「うまくいっている夫婦というのは、お互い言いたいことを言っているように見えても、言うべきことと言ってはいけないことをちゃんとわきまえている」そうで、夫婦の間でも相手への礼儀や敬意を忘れてはいけないということです。

　日本の古くからの格言に「親しき中にも礼儀あり」がありますが、イギリスの作家サマセット・モームも次のように言っています。「良い妻というものは夫が秘密にしたいと思っているささいなことを常に知らぬふりをする。それが結婚生活の礼儀の基本である」。家族の間の、礼儀の示し方にもいろいろありますが、お互いのプライバシーを尊重するということもそのひとつと言えます。

　結婚生活の安定性について研究しているワシントン大学名誉教授のジョン・ゴットマンも、表現は異なるものの、カーネギーと同じようなアドバイスをしています。『The Seven Principles for Making Marriage Work』（『結婚生活を成功させる7つの原則』）の2番目の

原則は、"Nurture your fondness and admiration."
（相手への愛情と尊敬の気持ちを育もう）というものです。
"admiration" は相手を敬うことなので、カーネギー
の言うように、相手への敬意の気持ちを忘れないこと
が大事だということです。

## コラム6 幸せな結婚生活を送るための10のルール

　2017年、アルゼンチン在住のライター・奥川駿平さんが、奥さんと結婚した際、牧師様からもらったという「幸せな結婚生活を送るための10のルール」をツイッターで紹介したところ、ネット上で大きな話題を呼びました。カーネギーのアドバイスと重なるものがありますので、ご紹介します（出所 https://twitter.com/shunpeiokugawa/status/934601872605933568）。

1 ： 2人が同時に怒ってはいけない

2 ： 家が燃えていない限り、怒鳴り合ってはいけない

3 ： どちらかが口論で勝つ必要があるならば、伴侶に勝たせてあげなさい

4 ： どうしても注意する必要がある時には、愛情をもって行いなさい

5 ： 過去の過ちを未来に持っていってはいけない

6 ： お互いに我慢強くなりなさい

7 ： 夫婦間の問題を解決しないで就寝してはいけない

8 ： 最低でも1日に1回は伴侶に素敵な言葉をかけなさい

9 ： あなたが悪い時には、そのことを認めて謝りなさい

10： 問題の話し合いをしている時、よくしゃべるほうが過ちを犯している

# 考え方次第で、誰でも幸せになれる

**One sure way to find happiness is by controlling your thoughts.**

考え方をコントロールすれば、必ず幸せになれる。

## 解説

　実は、カーネギーはこのアドバイスを法則としてとりあげていません。ただ、第5章の 法則26 「いつも笑顔で」で説明されていた内容に過ぎないのですが、すばらしい主張に感じられたので、あえて法則として紹介したいと思います。

　幸せというものは「こうである」という絶対的な概念ではなく、その人の考え方によって「いかようなかたちにもなりうるものである」というのがカーネギーの主張です。つまり、どんな環境に置かれていても、自分の考え方次第で「自分は幸せである」「恵まれている」と思うことができるのです。

　幸せは外的な条件で決まるのではなく、あくまでも自分が決めることであって、人それぞれ幸せのかたちはみんな違う――どんな状況でも、誰でも、人は幸せになれるという、力強いメッセージです。

　便宜上、第6章に入れましたが、この考え方は、家庭内に限らず、職場でも学校でも、あらゆる状況において使えるものです。個人的には、カーネギーのアドバイスの中では一番、私の心に響き、失敗した時や、うまくいかなかった時に、自分の支えになっているものです。

【1】Everybody in the world is seeking happiness—and there is one sure way to find it. That is by controlling your thoughts. Happiness doesn't depend on outward conditions. It depends on inner conditions.

　この世の中の誰もが幸せを求めている。——そしてそれを見つける、ひとつの確かな方法がある。それは、考え方をコントロールすることである。幸せは外的な条件に左右されるのではない。内的な条件によるのである。


【2】For example, two people may be in the same place, doing the same thing; both may have about an equal amount of money and prestige—and yet one may be miserable and the other happy. Why? Because of a different mental attitude.

　たとえば、二人の人が同じような場所にいて、同じようなことをしている。二人ともたぶん同じくらいの量のお金と名声を持っている。しかし、一人は不幸だと感じ、もう一人は幸せだと感じているかもしれない。なぜだろうか？　気持ちの持ち方が違うからである。


【3】"Nothing is good or bad," said Shakespeare, "but thinking makes it so."

　シェークスピア曰く「良いこともわるいことも存在

しない。あるのはそう思う考え方だ」。

【4】 "When a boy realizes that he is going to be a cripple for life, he is shocked at first; but, after he gets over the shock, he usually resigns himself to his fate and then becomes happier than normal boys."

I felt like taking my hat off to those boys. They taught me a lesson I hope I shall never forget.

「あの子が一生、障害者になるとわかった時、最初はショックを受けていました。でも、そのショックから立ち直ってからは、いつも自分の運命を受け入れ、そして、普通の少年よりも幸せになったのです」

　私はその少年たちに脱帽したいと思った。決して忘れたくない教訓を教えてもらったのだ。

【5】Abe Lincoln once remarked that "most folks are about as happy as they make up their minds to be."

　リンカーンもかつて、「大体の人は、自分がそうなろうと決めた分だけ幸せになる」と言った。

### 語句

| control | seek | depend on |
|---|---|---|
| 管理する | 求める | 〜による |
| outward | inner | prestige |
| 外面の | 内面の | 名声 |
| miserable | mental attitude | cripple |
| 悲惨な | 心の持ちかた | 手足の不自由な人 |

| get over | resign oneself | fate |
|---|---|---|
| 立ち直る | 身を任せる | 運命 |

| take one's hat off | | |
|---|---|---|
| 脱帽する、尊敬する | | |

## エピソード

　これらのメッセージは、「幸せになりたい」と願ったり「自分は不幸、ついていない」と嘆いたりしている人たちへの、目から鱗ともいえるアドバイスです。どんな大変な状況でも考え方次第で幸せになれる、幸せか不幸せか決めるのは本人、という主張で、その実例が 原文【4】です。カーネギーはニューヨークのロングアイランド駅で30〜40人のハンディキャップのある少年のグループを見かけた時の感動を紹介しています。松葉杖を使って苦労しながら、何とか階段を登ろうとしている少年たちは笑いあっていました。その楽しそうな様子がとても意外だったので、付き添いの人に話しかけると、こんな返事が返ってきます。「あの子たちは自分を不幸だとは思わず、受け入れたから幸せになれたのです」

　たとえ足が動かなくても、手は使える、目は見える、話せる……「だから幸せだ」とこの少年たちは思っていたのでしょう。カーネギーはどんな状況でも幸せになれるのだと気がつき、その感動を伝えているのです。

　1995年、阪神大震災で家が全壊してしまった人が、「どんなにかつらいだろう」という私の思いに反して、

「生きているだけで幸せです」と語っていた言葉は、まさにこのカーネギーの主張を表すものでした。

『置かれた場所で咲きなさい』というすばらしいタイトルのベストセラー著者・渡辺和子さんも、その中で書いています。〈人はどんな場所でも幸せを見つけることができる〉〈どんなところに置かれても花を咲かせる心を持ち続けよう。境遇を選ぶことはできないが、生き方を選ぶことはできる。「現在」というかけがえのない時間を精一杯生きよう〉

この言葉に多くの人が感銘を受けたわけですが、カーネギーの言う、「考え方次第で誰でも、いつでも幸せになれる」というメッセージと同じことを伝えていると思います。

アリストテレスも同じような言葉を残しています。

Happiness depends upon ourselves.（幸せになるかどうかは、自分たち次第である）

### 第6章のポイント

口うるさくせず、批判せず、相手を受け入れ、ほめる。気遣いを忘れずに！　幸せは考え方次第。

## コラム7 法則の組み合わせの提案

　カーネギーの基本理念は、相手に重要感を持ってもらい、相手を受け入れるということなので、法則同士が似ていたり重なっていたりすることがあります。そこで、それらの法則を組み合わせて実践すればより大きな効果が期待できますので、以下、その組み合わせ例をいくつかご紹介します。

　ちなみに、法則1「重要感を持ってもらおう」は、いわば基本の大原則です。常に心がけたい姿勢であり、またすべての法則はこれに帰結するとも言えるので、これは組み合わせにはあえて入れませんでした。

　また、法則26「いつも笑顔で」と法則27「名前を覚えよう」も、何をするにも効果が期待できるのでこれも特に入れていませんが、常に意識してほしい法則です。

　なお、下の例には本文中の解説やエピソードで触れたものもあり、また在学生や卒業生の体験談で、「なるほど」と思ったものも含まれています。

法則2「相手の良いところを認めてほめる」
＋
法則5「批判はやめよう」

➡相手の意見に納得できなくても批判をせず、なぜ、そうなるのかと相手の立場になって考えてみます。そのうえで、相手の持っている良いところを認めれ

ば、相手のモチベーションを保つことができます。

## 法則9 「間違いをそれとなく気づかせる」
＋
## 法則10 「相手の顔を立てる」

➡ 相手の間違いを、同僚やたくさんの人がいるところ
で指摘せず、それをほのめかすことで自ら気がつか
せるようにします。そうすることで相手のプライド
を傷つけずに、顔を立てることができます。

## 法則13 「命令するかわりに質問する」
＋
## 法則21 「相手に「イエス」と言わせる」
＋
## 法則24 「相手に、自分の発案だと感じさせる」

➡ 例えばA案とB案があり、上司としては少しハード
ルが高いものの、より利益の出るA案がいいと思っ
ているが、それをあえて言わず、部下に「今までと
同じようなものでなくて、新しい分野にチャレンジ
してみたくない？」と水を向けてみます。相手が
「はい」と言ったらもうシメタもの。具体的な質問
を続けて、最終的には部下本人が言い出したように
思ってもらうことができます。

## 法則16 「こちらの提案を魅力的に見せる」
＋

法則20 「相手の興味のある目線で話す」
➡相手が何に関心があるかしっかり摑んでおき、その観点から話を切り出すと、相手のメリットを示すことができ、相手もそれを「やりたい」という気持ちになってくれます。

法則19 「聞き上手になろう」
＋
法則23 「相手に話をさせよう」
➡相手に「話したい」と思っていることを全部話してもらい、自分は聞き手に徹することで相手に満足感をもってもらえると、結果的に交渉を有利に進めることができます。

法則29 「議論を避ける」
＋
法則30 「友好的に始める」
➡相手を説得しようと攻撃的に出ると、向こうも身構えます。相手を論破しようという議論は避けて、お互いの共通の目的や利害を見つけようとしながら話を進めていくと、良い結果につながります。

法則12 「自分の失敗について話そう」
＋
法則7 「相手の観点から物事を見る」
＋

法則15 「相手を励ます」

▶（学生）反抗期の中学2年の弟が勉強をサボって試験で落第点をとり、それを叱った母と大ゲンカ。その後、「私も中学生の時に、ひどい点をとって母親に怒られたことがある」と話しかけたら、弟からいろいろ話してきた。そして、勉強を見てやることになったが、翌日、母から礼を言われた。

法則7 「相手の観点から物事を見る」

＋

法則24 「相手に、自分の発案だと感じさせる」

▶（ある会社の人事労務課主任）社員と面談する時、上から考えを押しつけるとそれに対する反発が生じるため、まずは自身で考えや答えを出してもらい、それをベースにして摺り合わせたり修正したりするほうが、話がまとまりやすい。また、あくまで相手にメリットがあるように話すことを心がけている。

このような実践報告や経験談は大変興味深く、みな、それぞれの状況で柔軟性を持って応用しているので、私自身もとても勉強になっています。

学生たちが実践したものでいつも多いのは、法則2 「相手の良さを認めてほめる」と 法則26 「いつも笑顔で」です。授業の最初のほうで扱うことが多いせいもありますが、この二つは簡単にでき、それを試してみる機会がいろいろあるということでしょう。

# おわりに

この本で、英語の単語を思い出したり、英語読解を実践したりしながら、カーネギーから人間関係のコツや人生の知恵を学んでいただけたとしたら、こんなにうれしいことはありません。

松下幸之助が「松下電器は人を作る会社です」と言っているように、「人」があってこそ、ビジネスは成り立ちます。ビジネスの基本は「人の繋がり」であり、そして、この世の中はすべて「人の繋がり」が基本ということを考えると、「いかに人に接するか」という課題は永遠のテーマです。そのテーマについて、カーネギーは多くの興味深い、そして効果的な方法を示しています。その内容に世界中の人が共鳴し、支持し続けてきました。

彼の法則が民族や文化の違いを超えて世界中の人々から共感されたのは、カーネギーが人間の本質を深く見抜いていたことによるものです。それは彼自身が貧しい農家に生まれてから人生において成功するまで、紆余曲折のさまざまな経験を経て、人を動かすことに並々ならぬ苦労をしてきたことが土台になっているからです。

教師、セールスマン、俳優、エンターテインメントビジネス、スピーチの講師、作家……いろいろな仕事を経験する中で、人間を観察しつつ、いかに人に影響を与えるか、試行錯誤を重ねた賜物とも言えます。

それに加え、自分で心理学の本を読んで人間の心理に精通し、また、各界の成功者にインタビューしてその秘訣を探り出し、自らの経験と合わせて、これらの法則を生み出していきました。

　こうしたカーネギーの人間関係論に一貫しているのは、人間はもともと、「理性や正当論では割り切れない生き物だ」という前提に立ち、相手のプライドを尊重し、柔軟な視点で相手を理解しようとする姿勢を持って、相手も自分も“happy”になることを目指していることです。相手への配慮を忘れず、常に相手の気持ちを考え共存していこうという点は、多くの日本人にとっても非常に共感できるものです。

　この本を書くためにいろいろと調べた過程で、いかに多くの偉人や成功者とされる人たちがカーネギーの法則と同じようなことを実行したり、似たような名言を残したりしていたか、よくわかりました。カーネギー自身も天国で自らの鋭さと先見の明に驚いていることでしょう。

　本書のもととなる『HOW TO WIN FRIENDS AND INFLUENCE PEOPLE』が出版される7年前の1929年、アメリカに端を発する世界的な大恐慌が起こりました。その当時、カーネギーが主宰していたビジネスマンを対象としたスピーチ教室は大変人気があり、その教室の講義録やノートをもとに1936年、『HOW TO WIN FRIENDS AND INFLUENCE PEOPLE』が出版されました。

そして瞬く間に、大恐慌によってもたらされた危機感で不安になっていた人の心を摑み、精神的にも経済的にも立ち直るきっかけを同書に見出そうとした人々に受け入れられ、刊行後あっという間に大ヒットとなりました。

　今の日本も、あの当時のアメリカとは事情も背景も違うものの、人々は常に不安を抱えています。度重なる自然災害に加え、最近の新型コロナウイルス感染拡大によるさまざまな深刻な影響と社会的・経済的困難などの中で、人々は決して明るい未来だけを見ているのではなく、目に見えない不安、自然の脅威にいつもさらされています。

　ワッツが記した評伝によると、カーネギーは恐慌後、当時の中産階級に人気のあった雑誌「Collier's」に次のような原稿を寄せています。
「私たちの現在の不安の根底には、恐れがある。恐れの中で最悪なのは、未知の恐れである……その恐怖ときちんと向き合い、効果的にそれに対処する術を学ぶことだ……自分で自分自身をひきあげなさい」

　そのうえで、「希望に満ちた思考」や「恐怖を克服する自信」を培うことを強調しました。そしてそのために、数々の、洞察力に溢れる、人間関係力を養うアドバイスを作り出したのです。

今、一見高度な技術と情報網と便利さを謳歌する現代社会の中で、常に、ある種の不安を抱えながら生活している私たちにとって、彼の提唱する人間関係力、そして、自分を重要だと思える自尊心（self-esteem）が、とても必要とされているように思います。

　どんな困難な状況でも、最終的には本人の力、いわば人間力があれば、乗り切れるはずです。カーネギーの法則は人に影響力を与えることはもちろん、その人自身の人間力を養うことを助けてくれるものです。彼は『HOW TO WIN FRIENDS AND INFLUENCE PEOPLE』で、まず自分自身が変わる必要があると示唆しています。

　みなさんもこの本を読んでおわかりのように、カーネギーの法則は、すぐできそうなものばかりで、しかも効果の大きいものです。そして、ある意味、人の生き方を変える力を秘めています。カーネギーは、『HOW TO WIN FRIENDS AND INFLUENCE PEOPLE』のまえがきで、イギリスの哲学者・社会学者ハーバート・スペンサーの興味深い言葉を紹介しています。

　**The great aim of education is not knowledge but action.**（教育の目的は、知識ではなく、行動である）

　そして、次のように続けています。

And this is an action book. （この本は行動をするための本なのです）

　つまり、カーネギーの本は読むだけで終わるのではなく、その後、それを自ら行動に移してみることで初めて、その目的が果たされるのです。エピソードやコラムに紹介されたいろいろな話などを参考に、ぜひ、みなさんにも実践してみていただきたく思います。

　カーネギーは、「いつも笑顔で」の法則の中で、世界的に活躍している、やり手の株式仲買人の話を紹介していました。仏頂面で厳しい顔しかしていなかった彼がカーネギーのセミナーをとったことをきっかけに、まず笑顔であいさつする習慣を始め、その後、他の法則も実践することで公私ともに生活が激変し、やがて友人たちに囲まれて楽しい幸せな人生を送るようになったという例で、以下がその部分です。

This changed attitude of mine has brought more happiness in our home during these two months than there was during the last year. ...

I have also eliminated criticism from my system. I give appreciation and praise now instead of condemnation. I have stopped talking about what I want. I am now trying to see the other person's viewpoint. And these things have literally revolutionized my life. I am a totally different man, a happier man, a richer man, richer in friendships and happiness—the only things that matter much after all.

（この私の変化は、私の家庭に去年1年分よりももっと多くの幸せを、たったの2ヵ月で運んできてくれた。

私はまた自分のやりかたから、批判することを取り除いた。今や、私は非難するかわりに、相手の良さを認めたりほめたりしている。自分の希望について話すのをやめた。今や、相手の観点から物事を見るようにしている。そして、こういうことが文字通り、私の人生を大変革した。私は、全く別の人間になった。より幸せで、より豊かで、よりたくさんの友情と幸せを手に入れている。このことが結局は、とても重要なことなのだ）


この人の例のように、カーネギーの法則で、あなたの人生も変わるかもしれません。この本を読んだみなさんには、ぜひ"action"を取っていただきたいと思います。読むだけで終わらずに、ここに挙げた法則のいくつかを、みなさんの生活や人間関係の中で試してみてください。きっとその効果を実感でき、周りの人間関係が円滑になり、みなさんの生活が豊かになっていくと思います。

カーネギーは、この本で紹介した法則は「新しい生き方」を提案するものだと強調しています（本書165ページ参照）。この『英語で学ぶ カーネギー「人の動かし方」』がきっかけになって、みなさんに少しでも新しい変化が起きることを願っています。

最後に、私の企画を取り上げ、適切なアドバイスを
くださった講談社現代新書の丸山勝也さん、私の原稿
を読んでコメントをくださった知人・友人のみなさん、
さまざまな経験談や感想を提供してくれた教え子のみ
なさんに、心から感謝の意を表したいと思います。

**おもな参考文献 (順不同)**
『The 7 Habits of Highly Effective People』(Free Press) Covey, S
『You Just Don't Understand』(Ballantine Books) Tannen, D
『デール・カーネギー 上・下』(河出書房新社) スティーブン・ワッツ／
　菅靖彦・訳
『スティーブ・ジョブズ全発言 世界を動かした142の言葉』(PHPビジ
　ネス新書) 桑原晃弥
『マーク・ザッカーバーグ 史上最速の仕事術』(ソフトバンククリエイ
　ティブ) 桑原晃弥
『イーロン・マスク 破壊者か創造神か』(朝日文庫) 武内一正
『オバマ演説集』(朝日出版社) CNN English Express 編集部
『心を整える。勝利をたぐり寄せるための56の習慣』(幻冬舎) 長谷部誠
『成りあがり』(角川文庫) 矢沢永吉
『置かれた場所で咲きなさい』(幻冬舎) 渡辺和子
『58の物語で学ぶリーダーの教科書』(日経ビジネス人文庫) 川村真二
『『もしドラ』はなぜ売れたのか?』(東洋経済新報社) 岩崎夏海
『ウソつきの心理学 人はなぜウソをつくのか』(KAWADE夢文庫) 渋谷
　昌三

N.D.C.159　254p　18cm
ISBN978-4-06-519388-4

講談社現代新書　2573

英語で学ぶ
カーネギー「人の動かし方」

2020年6月20日第1刷発行　2024年5月21日第3刷発行

著者　木村和美　　©Kazumi Kimura 2020

発行者　森田浩章

発行所　株式会社講談社
　　　　東京都文京区音羽2-12-21　郵便番号 112-8001

電話　03-5395-3521　編集（現代新書）
　　　　03-5395-4415　販売
　　　　03-5395-3615　業務

装幀者　中島英樹

印刷所　株式会社ＫＰＳプロダクツ

製本所　株式会社ＫＰＳプロダクツ

定価はカバーに表示してあります　Printed in Japan

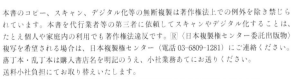

## 「講談社現代新書」の刊行にあたって

教養は万人が身をもって養い創造すべきものであって、一部の専門家の占有物として、ただ一方的に人々の手もとに配布され伝達されうるものではありません。

しかし、不幸にしてわが国の現状では、教養の重要な養いとなるべき書物は、ほとんど講壇からの天下りや単なる解説に終始し、知識技術を真剣に希求する青少年・学生・一般民衆の根本的な疑問や興味は、けっして十分に答えられ、解きほぐされ、手引きされることがありません。万人の内奥から発した真正の教養への芽ばえが、こうして放置され、むなしく滅びさる運命にゆだねられているのです。

このことは、中・高校だけで教育をおわる人々の成長をはばんでいるだけでなく、大学に進んだり、インテリと目されたりする人々の精神力の健康さえもむしばみ、わが国の文化の実質をまことに脆弱なものにしています。単なる博識以上の根強い思索力・判断力、および確かな技術にささえられた教養を必要とする日本の将来にとって、これは真剣に憂慮されなければならない事態であるといわなければなりません。

わたしたちの「講談社現代新書」は、この事態の克服を意図して計画されたものです。これによってわたしたちは、講壇からの天下りでもなく、単なる解説書でもない、もっぱら万人の魂に生ずる初発的かつ根本的な問題をとらえ、掘り起こし、手引きし、しかも最新の知識への展望を万人に確立させる書物を、新しく世の中に送り出したいと念願しています。

わたしたちは、創業以来民衆を対象とする啓蒙の仕事に専心してきた講談社にとって、これこそもっともふさわしい課題であり、伝統ある出版社としての義務でもあると考えているのです。

一九六四年四月　野間省一